# Gartenlandschaft in Bad Homburg v. d. Höhe

Die Landgräflichen Gärten
Entwicklungsgeschichte und
gartenkünstlerische Wertung

CHAMPAGNERLUFT UND TRADITION
Bad Homburg

# Liebe Leserin, lieber Leser,

Philipps-, Ferdinands-, Gustavs- und Louisgarten sind in die Bad Homburger Geschichte als „Prinzengärten" eingegangen. Zusammen mit dem Englischen Garten, dem Kleinen und dem Großen Tannenwald, dem Forstgarten und dem Hirschgarten bilden sie ein Gesamtkunstwerk vom Bad Homburger Schloß bis hinein in den Taunus, das in den kommenden Jahren als „Landgräfliche Gartenlandschaft" seine ursprüngliche Bedeutung zurückerhalten soll. Die Gärten reihen sich entlang der Tannenwaldallee wie erlesene Perlen an einer Schnur auf. Die Stadt Bad Homburg vor der Höhe wird diese Kleinodien in mehreren Abschnitten für die nachfolgenden Generationen erhalten und erlebbar machen. Die Gartenlandschaft wird ein wichtiger Bestandteil des Regionalparks RheinMain werden.

Die Wiedererweckung dieses einzigartigen kulturhistorischen Juwels verlangt nach einer sensiblen Vorgehensweise, die sich im Spannungsfeld von Dokumentation, Entwicklung und Rekonstruktion bewegt. Nach dem ersten Schritt, dem Bewahren des historischen Erbes, ist es ein erklärtes Ziel, das Gesamtkunstwerk um einen Garten unserer Generation zu bereichern. Unter der Prämisse der Nachhaltigkeit sollen sich Sicherung und Entwicklung der Gartenlandschaft ergänzen, um neu wahrgenommen und geschätzt zu werden.

Das vorliegende Buch zur Entstehungsgeschichte des Gartenraums an der Tannenwaldallee ist das erste einer kleinen Reihe, mit der die Stadt Bad Homburg vor der Höhe in den kommenden Jahren die Wiederherstellung der Landgräflichen Gartenlandschaft begleiten wird.

Ich danke den beiden Autorinnen, der Landschaftsarchitektin Frau Stella Junker-Mielke und der Stadthistorikerin Frau Gerta Walsh, für ihre aufwendigen Recherchen und die umfassende Darstellung der kulturhistorischen und ortsgeschichtlichen Zusammenhänge.

Die Säulenpappel wurde nicht ohne Grund als Erkennungszeichen sowohl für die Gartenlandschaft als auch für die Buchreihe gewählt, gilt diese doch als mitteleuropäisches Symbol für Arkadien, jenen Mythos des römischen Dichters Vergil vom seligen Landleben, der im Englischen Landschaftsgarten gemeinsam mit der Philosophie Rousseaus von der Rückbesinnung auf die Natur eine Wiederauferstehung feierte. In diesem Sinne verstanden auch die Homburger Landgrafen ihre Gartenlandschaft als Kunstwerk der Aufklärung.

Ich lade Sie ein, den Weg der historischen Bad Homburger Prinzengärten zu einer der großen deutschen Gartenlandschaften neben Potsdam oder Wörlitz zu begleiten. Die folgenden Seiten bieten Ihnen den bestmöglichen Einstieg in die spannende und unterhaltsame Auseinandersetzung mit der Gartenkunst. Ich wünsche Ihnen viel Freude dabei.

Reinhard A. Wolters

Reinhard A. Wolters
Oberbürgermeister

# Inhalt

# Einleitung

Auf einem Hügel im Südosten des Taunus erhebt sich, von zwei Bächen umflossen, das Bad Homburger Schloß, 13 km nördlich von Frankfurt/M. Hier schufen die Landgrafen von Hessen-Homburg im 18. und 19. Jahrhundert eine Gartenlandschaft, die in Qualität und flächenmäßiger Ausdehnung (122 ha) denen von Wörlitz und Potsdam kaum nachsteht.

Die historische Dimension dieser Gartenlandschaft hat im letzten Jahrhundert zahlreiche Veränderungen erfahren und Eingriffe hinnehmen müssen, so daß sie sich Besuchern heute nicht mehr sofort erschließt. Das Rückgrat der Anlage, in Form einer Allee, an deren Verlauf sich einzelne Gartenanlagen gruppierten, verbindet auch heute noch das Bad Homburger Schloß mit der ersten Gartenschöpfung, dem Großen Tannenwald. Noch immer sind entlang dieser prägenden Achse der Tannenwaldallee die Spuren früherer Gartenkunst erlebbar.

Dieses Buch wagt einen Zeitsprung und versucht den Leser in eine Landschaft zu entführen, die sich dem damaligen Besucher als anregender, kunstvoll gestalteter „Gartenraum" darbot.

1770 initiierte Landgraf Friedrich V. Ludwig die Anlage einer schnurgeraden vom Bad Homburger Schloß in Richtung Taunus verlaufenden, mit Pappeln bepflanzten Allee, die, von Lustgärten gesäumt, ihren vorläufigen Endpunkt im Lusthain des Großen Tannenwalds findet. Durch Heirat kam Prinzessin Elizabeth von Großbritannien und Irland, die sich selbst gerne als Eliza bezeichnete, 1818 an den Homburger Landgrafenhof. Mit viel Liebe zur Landschaft und großem Engagement vervollständigte und erweiterte sie diese Gartenschöpfungen in ihrer heimatlichen Tradition der Englischen Landschaftsgärten.

Einer der Lustgärten, der Gustavsgarten, verdankt seine Ausgestaltung dem Einfluß von Louise Friederike, Prinzessin von Anhalt-Dessau, die Prinz Gustav 1818 geheiratet hatte. Die Prinzessin brachte unter anderem ihre Heimaterfahrungen mit dem Wörlitzer Gartenreich in die Gestaltung des Gartens ein, der nach ihrem Ehemann benannt ist. Außer diesen engagierten und der Gartenkunst kundigen Prinzessinnen ist vor allem der Königlich Preußische Gartenbaudirektor Peter Joseph Lenné zu nennen, der den Homburger Kurpark angelegt hat. Er veranlaßte späterhin Hofgärtner seiner Potsdamer Schule dazu, in der Homburger Gartenlandschaft im Geiste seiner Schule weiterzuwirken.

Von den zehn einstigen Lustgärten, die von verschiedenen Familienmitgliedern des Landgrafenhauses gestaltet und genutzt wurden, waren nur sieben Anlagen im Sinne der Gartenkunst gestaltet. Nur einer dieser Gärten ging durch Bebauung 1960 unwiederbringlich verloren. Von den übrigen sechs Gärten sind der Schloßpark und der schon erwähnte Gustavsgarten gut erhalten. Die verbleibenden vier Parkanlagen bilden mit den gartenkünstlerischen Erstschöpfungen, dem Großen und dem Kleinen Tannenwald, das Fundament der Gartenlandschaft, die später (1822) um die im Wald liegenden Forst- und Hirschgärten erweitert wurde.

Diese „Gärten" sind zwar in keinem guten Gesamtzustand, jedoch wegen ihrer einstigen Gestaltungsqualitäten als besonders wertvoll einzustufen. Darüber hinaus sind sie kartographisch und bildlich hervorragend dokumentiert. Die wesentlichen Merkmale der früheren Gartengestaltung sind auffindbar, und somit ist eine gartenhistorische Authentizität gegeben.

Bei den Vorbereitungen für das Buch stellten das Stadtarchiv Bad Homburg v. d. Höhe, das Museum im Gotischen Haus und das Thüringer Landesmuseum Heidecksburg Rudolstadt zahlreiche Unterlagen zur Verfügung. Stellvertretend für die dortigen Mitarbeiter möchte ich mich bei dem Stadtarchivsleiter Herrn Biallas und der Museumsleiterin Frau Mattausch als auch bei der Museologin Frau Winker in Rudolstadt für die engagierte Unterstützung bedanken.

Besonderer Dank gebührt auch meiner Mitautorin Frau Walsh und Herrn Dr. Modrow von der Verwaltung der Staatlichen Schlösser und Gärten in Bad Homburg v. d. Höhe, die mich seit vielen Jahren bei der gartenkünstlerischen Spurensuche in Bad Homburg unterstützt und begleitet haben.

Frau Dybowska, Projektbetreuerin der Abteilung Stadtplanung für die Landgräflichen Gärten, danke ich für ihre wertvollen Hinweise und das große Engagement, ebenso wie Herrn Diel von der Unteren Denkmalschutzbehörde, dessen genaue Recherchen noch manches Neue zutage förderten. Nicht vergessen möchte ich auch den Journalisten Herrn Helmut Gispert, Berlin, dessen Kenntnisse des Verlagswesens und technische Hilfestellungen mir einen großen Dienst erwiesen.

Der folgende Text gliedert sich in einen erläuternden Bericht zur Entstehungsgeschichte der Gartenanlagen und allgemeine Hinweise zur Gartenkunst in der entsprechenden Zeitepoche. Er wird mit lokalhistorisch gefärbten Abschnitten zu einzelnen Themen ergänzt. Diese werden im Text durch einen anderen Schrifttyp gekennzeichnet. Die letztgenannten Beiträge stammen von der Stadthistorikerin Frau Gerta Walsh.

Alle anderen Kapitel einschließlich der ergänzenden Berichte haben die Landschaftsarchitektin Frau Stella Junker-Mielke zur Autorin.

# Gartenhistorische Einstimmung

## Vom Barock zum Englischen Landschaftsgarten

Wie in England und Frankreich auch wandte man sich im Laufe des 18. Jahrhunderts in Deutschland vom „geometrischen Garten“ ab und landschaftlichen Gärten zu. Im Wandel vom Barock zum Rokoko entstanden, dem neuen Ideal entsprechend, Gärten mit unsymmetrischen, natürlichen Partien.

Der Zeitgeist war angetan von den bei den griechischen und römischen Autoren beschriebenen Land- und Hirtenidyllen. Man schwärmte von der sanften Gewalt einer schönen Landschaft, vom freien, gesunden Leben auf dem Lande und von den Vorzügen des bäuerlichen Daseins.[1]

In diesem Sinne entstanden in der zweiten Hälfte des 18. Jahrhunderts zahlreiche berühmte Gärten, da sich aus dieser Geisteshaltung die beste Verbindung von Kunst und Natur schaffen ließ. Bekanntes Beispiel hierfür ist das „Petit Trianon“ in Versailles. In der Nähe der Gebäude liegen Parterreanlagen und Bosketts (gestaltete waldartige Bereiche). Daran schließt sich ein „natürlicher“ Garten mit vielen geschwungenen Wegen, Wasserläufen und zahlreichen Staffagen wie Pavillons, Lauben, Pergolen, Ruinen, ländlichen Motiven und regelmäßigen Blumenbeeten an.

Der neue Gartenstil stieß nicht nur auf Begeisterung, sondern wurde gerade in Frankreich auch sehr kritisch aufgenommen. Im Artikel „Jardin“ von de Jancourt in der großen Enzyklopädie (1765) bezeichnet er die neue Stilrichtung als „lächerlichen Geschmack“. Er mokiert sich über den „plötzlichen Gesinnungswandel“, der den von Le Nôtre eingeführten Elementen der Gartenkunst einen negativen Stempel aufdrückt: „... die großen Alleen erscheinen uns geschmacklos, die geschnittenen Hecken kalt und einförmig ...“

„Jettons sans partialité les yeux sur notre siècle ... Nous y employons un goût ridicule et mesquin. Les grandes allées droites nous paroissent insipides; les palissades, froides et uniformes; nous aimons à pratiquer des allées tortueuses des parterres chantournés, et des bosquets découpés en pompons; les plus grands lieux sont occupés par de petites parties toujours ornées sans grâce, sans noblesse, sans simplicité“.[2]

Das Bestreben lag darin, wegzukommen von den axialen Bezügen und geometrischen Formen der Renaissance und des Barock. Diagonale Alleen und Wegesysteme, von denen kleine, geschwungene Gartenwege abzweigten, untergliederten zunächst die Gartenflächen in viele kleinteilige intime Räume. Hierdurch wurde eine Komplizierung und Dynamisierung des Gartengrundrisses erreicht. „Wäldchen und Rasenflächen, Wege, alles in jenem rokokoromantischen Gemisch von tändelnder Geometrie und englischer Naturgestaltung“.[3]

Nach einer kurzen Übergangszeit zwischen dem ordnenden Anspruch des Barock und der verspielten Auflösung überkommener Gestaltungsprinzipien der Rokokogärten setzte sich auch in Deutschland ab 1768 der aus Wörlitz kommende Einfluß des Englischen Landschaftsgartens durch.

In der Literatur trat richtungweisend der Philosoph Jean-Jacques Rousseau (1712-1778) an die Öffentlichkeit, der exzessiv für eine verstärkte Rückkehr zum Natürlichen eintrat, was bei der gelangweilten, in starren Reglements gefangenen höfischen Gesellschaft auf fruchtbaren Boden fiel. Mit Natur wurde „Freiheit“ und „Abenteuer“ assoziiert, die Abwechslung und einen Sinn in das gelangweilte höfische Leben bringen sollten.

Rousseaus Naturbegriff war der einer einfachen gewaltigen Kraft, die in ihrer Reinheit und Direktheit Zugang zur Seele des Menschen findet. In der Rückkehr zur Natur reinigt und stärkt sich das Innerste des Menschen. Innen und Außen verschmelzen zu einer neuen Kraft. Hierdurch erfährt der

*1. M. Rock, 1994*

*2. Monsieur le Chevalier de Jancourt in I. Dennerlein, S. 177, 1981, sinngemäße Übersetzung des Zitats: „Lassen Sie uns kritisch unsere Zeit betrachten. Wir beweisen hier einen lächerlichen Geschmack. Die großen geraden Alleen erscheinen uns geschmacklos, die geschnittenen Hecken kalt und einförmig, die Parterres und die Bosketts in bedrückend gerade Formen geschnitten; die berühmtesten Plätze werden betont mit ganz kleinen Partien, geschmückt ohne Würde, ohne Klasse, ohne Klarheit ...“ (S. Junker-Mielke)*

*3. D. Hennebo/Hoffmann 1963*

Mensch Stärke und Gesundung. Über die Naturerfahrungen wird auch das moralische Selbst gefunden und eine ganzheitliche Harmonie mit der (Um-)welt erfahren. Natur schafft Identifikationspunkte und vermittelt Geborgenheit. Der Mensch erfaßt in der Auseinandersetzung mit naturnahen Lebensvorgängen kontemplativ sein eigenes Sein.

Mit diesen philosophischen Ausführungen zur Naturästhetik ergriff die Zeitströmung der Empfindsamkeit Frankreich und die angrenzenden Länder. In Deutschland wurde dies unter anderem von Goethe in seinem „Werther" zum Ausdruck gebracht. Auch Schopenhauer (1788-1860), Schiller (1759-1805) und Herder (1744-1803) schwärmten für den neuen Zeitgeist.

Der populärste Repräsentant der neuen Gartenkunst wurde der Philosoph Professor C. C. L. Hirschfeld. Sein fünfbändiges Werk zur „Theorie der Gartenkunst" (1779-1785) setzt sich intensiv mit den Gartenanlagen in ganz Europa unter dem Zeichen des neuen Naturverständnisses auseinander.

# Beispielhafte Gartenlandschaften in Deutschland

Die Jahre zwischen 1768 und 1770 kann man als Auftakt der sich über drei Jahrzehnte hinweg entwickelnden neuen englischen Gartenkunst in Deutschland ansehen.

In einer Vorreiterrolle und als populärstes Beispiel ist hier die Schöpfung des Dessau-Wörlitzer Gartenreichs unter Fürst Leopold III. Friedrich Franz von Anhalt-Dessau (1740-1817) zu nennen. Statt sich wie bis dato Usus einer militärischen Laufbahn zu widmen, unternahm der Fürst in Begleitung des Architekten Friedrich Wilhelm von Erdmansdorff zwischen 1763 und 1767 zahlreiche Bildungsreisen nach Italien, Frankreich, den Niederlanden und England.

Da sein Land fast keine natürlichen Bodenschätze aufwies, hatten diese Reisen nicht nur einen kulturellen Hintergrund, sondern dienten auch dem Studium der Entwicklung von Land- und Forstwirtschaft und dem Gartenbau in anderen Regionen.

„Englischer Geschmack hat die Basis des Nützlichen ...“[4] Diese Basis, verbunden mit einer dem Zeitgeist entsprechenden neuen Ästhetik, floß in das Konzept der Englischen Landschaftsgärten ein und beeinflußte den Fürsten nachhaltig. Innerhalb kürzester Zeit wurden in Anhalt-Dessau die Brache, d. h. die Dreifelderwirtschaft, abgeschafft und neue Wege in der Acker- und Viehwirtschaft beschritten. 1793 konnte Novalis schreiben: „Die Ökonomie ist hier überall sehr gut beschaffen, man sieht nichts als reiche Felder, Wiesen, viel Roggen und besonders Rübsen und eine Menge Obst“.[5]

Aus dem landwirtschaftlichen Ansatz in Konformität mit den philosophischen Ideen Rousseaus entwickelte sich eine frühe Form der landschaftlichen Gartenkunst. Schon 1794 schrieb der Dichter Matthisson hierzu: „Die Kunst der Landschaftsverschönerung, welche der Fürst von Anhalt-Dessau in einem hohen Grade besitzt ...“[6] Der heutige *Wörlitzer Park* setzt sich aus fünf

*4. Goethe in K. Buchwald, „Handbuch für Landschaftspflege und Naturschutz“, München*

*5. H. Günther, 1994*

*6. ebd.*

*7. ebd.*

Einzelgärten zusammen, die allesamt durch ein Netz von Seen und Kanälen und ästhetisch strukturierten Agrarlandschaften miteinander verknüpft sind.

Weiterer Dreh- und Angelpunkt der Parkanlage ist das System von Sichtachsen zwischen den einzelnen Blickpunkten, die in einem beinahe mathematisch anmutenden Sichtenfächer Blickfänge und Inhalte miteinander verbinden. „C'est la plus charmante sauvagerie que je connoisse“,[7] charakterisierte der Prinz de Ligne treffend diesen Zustand wohlgeplanter natürlich anmutender Vielfalt der Natureindrücke.

Mit diesem ganzheitlichen Ansatz entstand in Wörlitz eine Kunstlandschaft, in der sich das gesamte Gedankengut des späten 18. Jahrhunderts widerspiegelt. Es entstand eine Landschaft auf höchstem kulturellem Niveau, die sowohl der neuen Ästhetik der Landwirtschaft des 19. Jahrhunderts als auch den Kriterien der Gartenkunst an eine Parkanlage in vollem Umfang bis heute gerecht wird.

Der geistige Vater der späterhin auch definierten „Landesverschönerung“ war der englische Dichter William Shenstone (1714-1763), der von seinem Gutshaus „Leasowes“ ausgehend 1745 die umgebende Landschaft zu einer „ornamented farm“ gestaltete, indem er alle Meiereien, Dörfer, Weiden und Wälder in die Verschönerungen mit einbezog.

Dem Park von Wörlitz folgten 1770 Friedrich Ludwig von Sckells landschaftliche Arbeiten in *Schwetzingen* und 1789 der Englische Garten in *München*. Weiterhin die Parkanlagen des Fürsten Herrmann von Pückler in *Muskau* (Beginn 1816) und Peter Joseph Lennés Schöpfungen in *Berlin* und *Potsdam* (1819-1847).

Dem Königlich Preußischen Gartenbaudirektor Peter Joseph Lenné gelang mit seinem 1842 entworfenen Plan „Zur Verschönerung der Insel Potsdam“ eine künstlerische, planerische und landschaftsökologische Pionierleistung. Mit der Aufforstung schlechtester Böden, Umgeben der Ackerfluren mit Schutzpflanzungen aus Laubgehölzen und der Schaffung von Verbindungen mittels Alleen und Wegeausbau gelang sein Versuch, die Landschaft selber in einen Garten zu verwandeln.

Getreu den unter Franz von Anhalt-Dessau geschaffenen Richtlinien, das Schöne mit dem Nützlichen zu verbinden, entstand an dieser Stelle eine Gartenlandschaft, die auch heute noch ein Kleinod gartenkünstlerischen Schaffens repräsentiert.

Während der englisch-ökonomische Einfluß in der Gartenlandschaft von Wörlitz überwiegt, kam unter Peter Joseph Lenné in der Potsdamer Gartenlandschaft noch anderes Gedankengut zum Tragen. Das Bestreben auch des preußischen Königs lag darin, die geliebte südliche Kulturlandschaft Italiens in die nordischen Gefilde zu versetzen. Genau hierin manifestiert sich bis heute der Unterschied zu dem Wörlitzer Gartenreich.

Trotzdem ist der von Wörlitz ausgehende Einfluß nicht hoch genug einzuschätzen und wird deutlich in der Aufforderung des preußischen Königs Friedrich Wilhelm IV. 1840 an Lenné: „Der Herzog von Dessau hat aus seinem Lande einen großen Garten gemacht; das kann ich ihm nicht nachmachen, dazu ist mein Land zu groß. Aber aus der Umgebung von Potsdam und Berlin könnte ich nach und nach einen Garten machen; ich kann vielleicht noch zwanzig Jahre leben, in einem solchen Zeitraum kann man schon etwas vor sich bringen. Entwerfen Sie mir einen Plan“.[8]

Schon die Zeitdimension, in der die Schöpfung eines solchen Gartenreichs vor sich geht (20 bis 30 Jahre), verweist auf die Größe der gestellten Aufgabe.

*8. H. Schumacher/ J. Strauss, Potsdam 1998*

# Bad Homburger Gartenlandschaft im Überblick

## Gartenhistorische Zuordnung des Landschaftsraums

Die Bad Homburger Gartenlandschaft entwickelte sich auf Initiative des damaligen Landesherrn, Landgraf Friedrich V. Ludwig, und seiner Frau Caroline von Hessen-Darmstadt.

Schon direkt nach der Eheschließung im Jahre 1768 ließ die neue Homburger Landgräfin erste Gestaltungsmaßnahmen im Schloßpark durchführen. 1770 wurde der Weinberg unterhalb des Schloßbergs entfernt und zeitgleich ein neuer Weg zu dem späteren Lusthain Großer Tannenwald angelegt. Diesen Weg ließ der Landgraf mit Pappeln (Populus Italica nigra) bepflanzen, um der romantischen Wunschvorstellung einer in Italien liegenden Landschaft im Nachempfinden der italienischen Zypresse nahezukommen.

In den Folgejahren wurde die Pappelallee um rechter und linker Hand liegende Gärten erweitert, die er seinen Kindern zur Eigennutzung und -gestaltung überließ. Die verschiedenen Zeitströmungen der Gartenkunst von damals bis heute haben dort ihre Spuren hinterlassen.

Im unteren Katasterplan von F. Lotz 1822 sind sowohl die Grundstücksgrenzen als auch die Gärten verzeichnet und benannt. Auf dieser Katastergrundlage basiert der im Rahmen einer Bestandserfassung 1999 erstellte historische Bestandsplan. Er zeigt die Gärten in ihrer historischen Lage und Ausdehnung, übertragen auf einen neuzeitlichen Vermessungsplan, der das Auffinden vor Ort erleichtert.

Im Gegensatz zu anliegendem historischem Plan von Lotz endet er auch nicht am Philippsgarten, sondern bezieht die Elisabethenschneise als Weiterführung der Tannenwaldallee im Taunus mit den an ihr liegenden Gartenanlagen mit ein.

Die sehr wechselvolle Geschichte dieses gartenhistorisch wertvollen Landschaftsraums vollzog sich in drei zeitgeschichtlich relevanten Phasen, die im Folgenden skizziert werden.

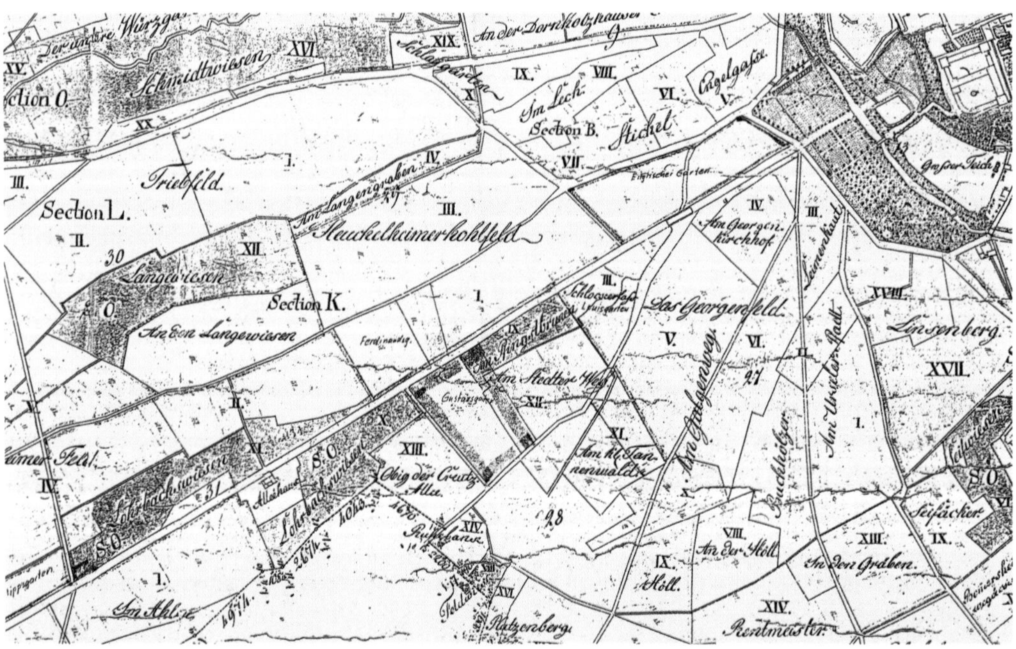


*Katasterplan von F. Lotz, 1822-26, Katasteramt Bad Homburg v. d. Höhe (K1)*

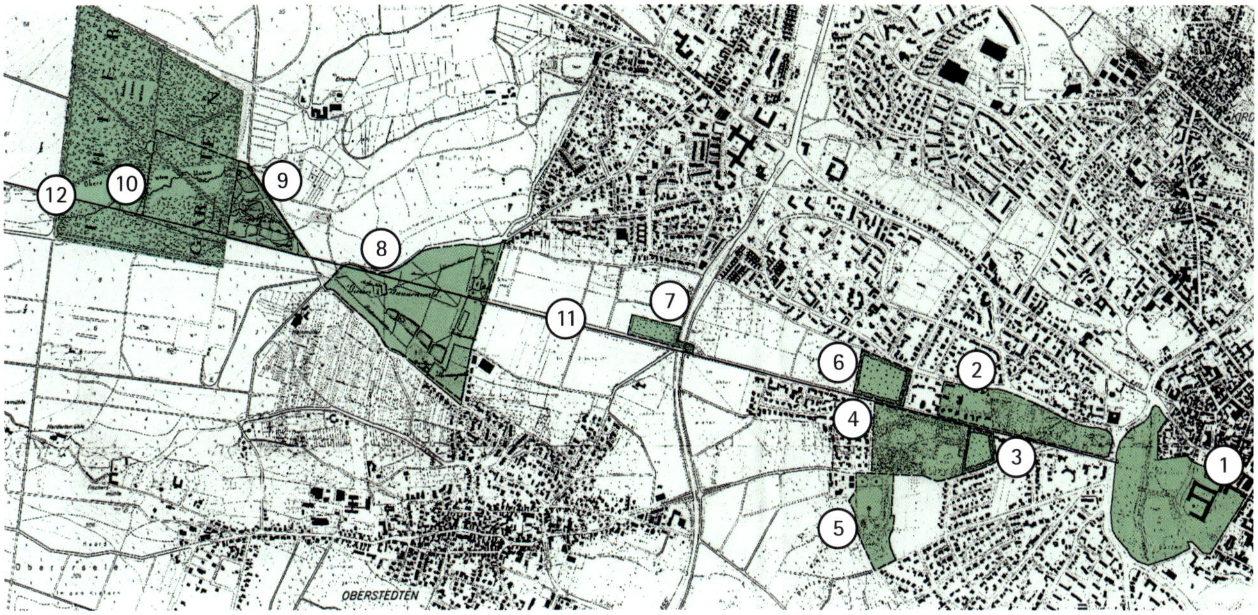


*Historischer Bestandsplan Gartenlandschaft Bad Homburg v. d. Höhe, 1999, S. Junker-Mielke (K2)*

*1. Schloßgarten*

*2. Englischer Garten, 1828*

*3. Louisgarten, 19. Jh.*

*4. Gustavsgarten, 1920*

*5. Kleiner Tannenwald, 1867*

*6. Ferdinandsgarten, 19. Jh.*

*7. Philippsgarten, 19. Jh.*

*8. Großer Tannenwald, 1867*

*9. Forstgarten, 1867*

*10. Hirschgarten Entwurf, 1821*

*11. Tannenwaldallee, 1770*

*12. Elisabethenschneise, 1822*

## Romantik, Rousseau, Rokoko

Die Geisteshaltung der Empfindsamkeit, eine Betonung der Gefühlswelt und der Phantasie, sowie Rousseaus „Zurück zur Natur" kam dem Wesen des Homburger Landgrafen Friedrich V. Ludwig (1748-1820) sehr entgegen und spiegelt sich auch in seinen Gartenschöpfungen wider. Verschlungene Wege, lauschige Winkel, stimmungsvolle Teehäuschen und Tempelchen, versteckte Einsiedeleien und Höhlen luden den Hof und seine Gäste zu ungezwungenem Umgang in der freien Natur ein. Zeitgleich schuf er die Tannenwaldallee bis zum späteren Gotischen Haus und initiierte die Anlage des Kleinen Tannenwaldes für seine Frau Caroline nach den herrschenden Vorstellungen der Gartenkunst.

Diese waren auf dem europäischen Festland noch nicht mit einer so eindeutigen Abkehr vom absolutistischen Vorbild des Barockgartens verbunden, sondern tendierten über die Zwischenstufe der Rokokogärten und „Jardins anglo-chinois" zur Übernahme naturalistischer Aspekte des Englischen Landschaftsgartens unter Beibehaltung geometrischer Strukturen.

Die Auflockerung des Geländes durch Bodenmodellierungen, z. B. „Boulingrins" (vertieft liegende Rasenflächen in der Parterrezone), und ungerade Wegeführung waren besonders bei den oftmals kleinen Gärten notwendig, um eine Verlängerung des Spazierweges und die damit verbundene Steigerung der Erwartungshaltung zu erreichen. Die kostbarsten Kabinette (kleine von Hecken geschützte Räume innerhalb der Bosketts) waren immer am schwierigsten auffindbar.

Die Ausstattung dieser Parkanlagen war reichhaltig und verspielt. Reize schaffen und neue Impulse geben konnte die damalige Devise geheißen haben. Kleinarchitekturen, Kaskaden, Skulpturen, Vasen (oftmals aus Terrakotta), leichtes Treillage und Heckenwerk, Grotten und Grüntheater zählten zu den gängigsten Ausstattungselementen. Auffällig war die Freude am Exotischen, chinesische Elemente in Form von Brücken und Häuschen wurden bevorzugt verwendet.

Die hauptsächlich verwendeten Skulpturen waren Hermen oder Amor, die oftmals am Ende eines langen, geschlängelten „Pfades" durch die „Wildnis" in Kabinetten aufgestellt waren.

Durch exotische Pflanzen, aber auch das Einbringen der Nutzpflanzen in die Ziergärten zeichnete sich eine deutliche Erweiterung des verwendeten Gehölzbestandes ab, wobei die Verwendung immergrüner Bäume bevorzugt wurde. Ohne reichen Blumenschmuck ist kein Rokokogarten denkbar. Bevorzugt wurden seltene kleine Blumen, die in den

„Plate-bandes de fleurs“ in der Parterrezone als Kontrast zu dem einfarbigen Rasen gepflanzt wurden.

Gleich den Zimmern eines Schlosses sollten die Kabinette des Lustgartens immer wieder neue Perspektiven eröffnen. Die einzelnen Szenen dieser Gärten lagen in abgeschlossenen, voneinander getrennten Grünräumen. Die Verlagerung höfischen Lebens in die Natur hatte nichts mit der erhofften Freiheit zu tun, sondern das höfische Zeremoniell wurde auch hier weiter durchgehalten.

Der Vergleich mit englischen und chinesischen Gärten der damaligen Zeit zeigt die trotz der scheinbaren „Unordnung“ starke Regelmäßigkeit der Rokokogärten. Niveauunebenheiten waren immer regelmäßig gestaltet. Die geschlängelten Wege unterlagen auch einer Regelmäßigkeit, ebenso wie betonte Asymmetrien nur an untergeordneter Stelle vorkamen.

Die ursprünglichen Gartenschöpfungen des Kleinen Tannenwalds und des Großen Tannenwalds sind in Plänen und Bildern dokumentierte Repräsentanten dieser Zeit.

## Der Englische Landschaftsgarten

Der Übergang von der Epoche des Rokokos zum Englischen Landschaftsgarten gestaltete sich in Homburg fließend. Während sich im Dessau-Wörlitzer Gartenreich mit Übernahme der Ideen der englischen Garten- und Landschaftsgestaltung schon ab 1770 eine eindeutige Richtung manifestierte, erfolgte die gartenkünstlerische Umwandlung in Homburg ganz allmählich.

Eine endgültige Festlegung in dieser Richtung kann erst mit der Einheirat der englischen Prinzessin Elizabeth 1818 an den Homburger Hof bestätigt werden. Unter ihren Direktiven fanden maßgebliche Erweiterungen und Veränderungen im Sinn des englischen Gartenstils statt und verbanden die vorhandenen Gartenanlagen Homburgs im Stil einer „ornamented farm“ miteinander.

Ihren Einfluß übte sie auch in schon bestehenden Gartenanlagen, wie dem Kleinen Tannenwald, dem Großen Tannenwald, dem Forstgarten und der Neuanlage einer eigenen Gartenschöpfung des Englischen Gartens, aus.

Zu diesem Zwecke kümmerte sie sich nicht nur um den Ausbau der vorhandenen Tannenwaldallee, sondern verlängerte dieselbe noch schnurgerade bis zum Limes.

So entstand in Homburg, wie in Potsdam auch, ein „kunstvoller Landschaftsraum“, der sich an den Regeln englischer Gartenkunst und der „Landesverschönerung“ orientierte.

*Abb. 1:*
*Lenné'sche Feldflur, aus Peter Joseph Lennés Gärten, Parks, Landschaften, H. Günther, Berlin, 1991*

## „Landesverschönerung" – Die Ästhetik der Agrarlandschaft im 19. Jahrhundert

Unter der Landesverschönerung verstand man die Neuordnung und Ästhetisierung der Agrarlandschaft des ausgehenden 19. Jahrhunderts.

Die Ästhetik der Agrarkultur erlebte in Deutschland mit der Anlage von Dessau-Wörlitz im auslaufenden 18. Jahrhundert ihren Anfang und floß bis zur Mitte des 19. Jahrhunderts sukzessive in die Gartenkunst ein.

So schuf Peter Joseph Lenné unter anderem ab 1816 mit dem „Plan von Sanssouci und dessen Umgebungen" eine der ersten Grundlagen zur Gestaltung und Gliederung des umgebenden Agrarraums. Diese Umgestaltungen werden heute als vorbildliche Verbindung von Gartenkunst und Landwirtschaft wiederhergestellt und sind als Lenné'sche Feldflur in der Terminologie der Gartenkunst vertreten (Abb. 1). Schon im klassischen Landschaftsgarten findet sich das Landschaftsideal mit dem Gartenideal vereinigt und in der natürlichen Landschaft verwirklicht.

„Die Kunst, die aus Natur wird, kehrt zurück zur Natur, allenthalben sie nutzend, sie verschönernd".[9] Auch der Gartenhistoriker Hirschfeld definierte die einsetzende Ästhetisierung des Agrarraums als die Veredlung des Landes und aller seiner Erzeugnisse.

Bei Humanus (1831) und Voit (1824) wird die Landesverschönerung in Wörlitz in ihrer Blütezeit folgendermaßen charakterisiert: „Sie baut nicht englische noch chinesische Gärten, aber das ganze Land wird durch sie zu einem schönen und fruchtbaren Garten umgeschaffen. Ährenreiche Felder, blühende Wiesen, fruchttragende Bäume machen auf den fühlenden Beobachter einen wohltätigen Eindruck".[10]

Für die Gartenlandschaft Homburgs lag in der schon unter Friedrich V. Ludwig angedachten Neustrukturierung der Ackerflächen

9. Herder, 1800 in G. Däumel, 1961

10. Humanus (1831) und Voit (1824), in G. Däumel, 1961

die Chance, ein Bindeglied zwischen den einzelnen Gärten in Form einer gestalteten Agrarlandschaft zu schaffen. Das große Interesse, das er einer Umstrukturierung und Landesverschönerung, auch im Agrarbereich, entgegenbrachte, war ein erster Schritt in diese Richtung. Seine selbstverfaßte Schrift zur Agrikultur und Neuordnung der landwirtschaftlichen Verhältnisse durch Landvergabe an Homburger Bauern ist ein deutliches Zeichen für die bereits seit Wörlitz bekannten Bestrebungen einer neuen Ordnung des Agrarraums.

Die Prinzipien der Landesverschönerung liegen in einer Gliederung der Ackerflächen mittels der Anpflanzung von Gehölzen, Hecken und Alleen. Die so entstandenen einzelnen Parzellen werden mit verschiedensten Nutzungen, wie ökologischer Landbau, Tierhaltung, Pflanzenzucht, neu belegt. Aus diesen vielfältigen Nutzungsformen entwickelt sich eine ansprechende Landschaft, in der das Schöne sich gemäß den Vorgaben des Englischen Landschaftsgartens mit dem Nützlichen verbindet.

Der Charme früherer Agrarlandschaften ist charakterisiert durch das harmonische Nebeneinander sich scheinbar widersprechender Nutzungen. Natur wird nicht nur passiv aufgenommen, sondern auch aktiv gestaltet.

## Ausklingendes 19. Jahrhundert und Bauwunden des 20. Jahrhunderts

Während der Schloßgarten, der Kleine Tannenwald, der Große Tannenwald und der Forstgarten nach Aussterben des Landgrafenhauses 1866 in königlich preußisches Eigentum übergegangen waren und von der Königlich Preußischen Gartenintendantur in Potsdam-Sanssouci verwaltet wurden, gingen die anderen Landgräflichen Gärten und der Englische Garten in wechselnde private Hände über.

Schon ab 1840 machte der Verkauf des Louisgartens den Anfang, der sich in der Abholzung der nach den Landgrafen Ferdinand und Philipp benannten „Gärten“ (es waren keine gartenkünstlerisch gestalteten Anlagen) fortsetzte. Der Gustavsgarten wurde 1898 an einen Frankfurter Bankier verkauft. In dem 1866 von Marie Blanc erworbenen Englischen Garten wurde 1871 ein Denkmal aufgestellt, welches an das ausgestorbene Landgrafengeschlecht erinnern sollte.

Die Gartenkunst des beginnenden 20. Jahrhunderts war geprägt von der Industrialisierung und dem Ausbau von Mittel- und Großstädten mit den entsprechenden Veränderungen im Wohnungsbau. Stadt und Land entwickelten sich deutlich auseinander. Landespflege und Gartenkunst fanden bevorzugt in den Städten statt. Soziales Grün entstand in Form von Volksparks und der Anlage von Gartenstädten.

Die gesamte Entwicklung wendet sich ab von der früheren Kunst der Landschaftsgärten, hin zu neuen Nutzungsgedanken, in der Gärten und Parks vorrangig der Erholung von der Arbeit dienen sollten.

Für Bad Homburg bedeutete diese Entwicklung zunächst den Verlust des Englischen Gartens durch Bebauung, die Abgabe des Kleinen Tannenwalds in private Hände und die mangelnde Pflege und zunehmende

Verwilderung im Bereich des Großen Tannenwalds und des Forstgartens. Durch seine Bindung an eine florierende gastronomische Einrichtung blieb dem Hirschgarten dieser Werdegang im wesentlichen erspart.

Einschneidende Veränderungen erfuhren die Parkanlagen im 20. Jahrhundert durch die Zunahme des Autoverkehrs und den damit verbundenen Ausbau des Straßenverkehrsnetzes. So kam es auch in Bad Homburg zu gravierenden Einschnitten in die Gartenlandschaft, bei denen Teile des Schloßparks eliminiert und die Verbindung zur Tannenwaldallee durchschnitten wurden.

Eine weitere Zäsur liegt in dem Ausbau der einstigen „Hohemarkstrasse", heutige Bundesstraße 456, vor. Sie durchtrennt die Allee auf halbem Weg zum Gotischen Haus. Nur eine seitlich versetzte Fußgängerbrücke ermöglicht das Überwinden der Schnellstraße. In der Bautätigkeit des 20. Jahrhunderts war die Vorgehensweise von Pragmatismus geprägt. So entstanden neben dem Gotischen Haus mehrgeschossige Wohnhäuser, die das Ensemble und den Auftakt zum Großen Tannenwald nachhaltig beeinträchtigen.

In den 80er Jahren des 20. Jahrhunderts fand eine Rückbesinnung statt, die sich im weitesten Sinn wieder an Rousseaus Lebensphilosophie „Zurück zur Natur" orientiert.

Obwohl die moderne Gartenkunst nach wie vor die Städte dominiert, werden die Werte überkommener Gartenanlagen zunehmend registriert und Instandsetzungen gefordert.

Im Zuge dieser „Renaissance" wurde auch die Gartenlandschaft Bad Homburg als kostbares Landschafts- und Kulturgut wiederentdeckt und hat heute die Chance einer Wiederherstellung.

Das folgende Kapitel beschäftigt sich zunächst mit der Rolle des Landgrafenhauses in Homburg und dessen Einfluß auf die Gartenlandschaft.

# Das Homburger Landgrafenhaus

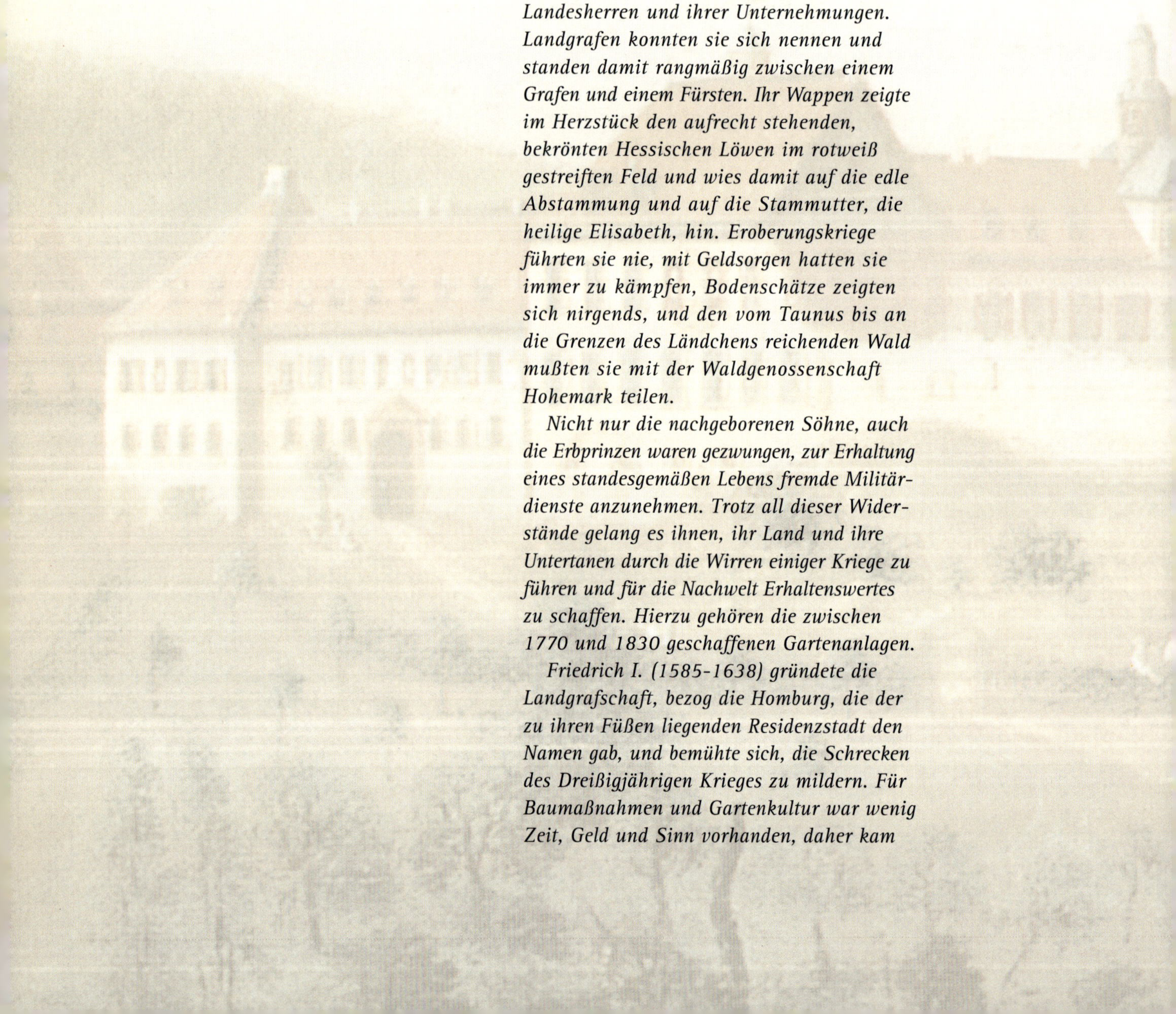

## Geschichte und Beziehungen zu anderen Fürstentümern und Königshäusern

*Auf den Landkarten vergangener Jahrhunderte nimmt sie sich winzig klein aus, jene von 1622 bis 1866 bestehende Landgrafschaft Hessen-Homburg. Bis auf die letzten 50 Jahre nur teilsouverän und vom Darmstädter Vetter abhängig, gehörte dieses Duodez-Fürstentum zu den kleinsten Ländern Deutschlands. Doch nicht in der Größe liegt seine Bedeutung, sondern in der bis in unsere Zeit hinein wirkenden Ausstrahlung einiger Landesherren und ihrer Unternehmungen. Landgrafen konnten sie sich nennen und standen damit rangmäßig zwischen einem Grafen und einem Fürsten. Ihr Wappen zeigte im Herzstück den aufrecht stehenden, bekrönten Hessischen Löwen im rotweiß gestreiften Feld und wies damit auf die edle Abstammung und auf die Stammutter, die heilige Elisabeth, hin. Eroberungskriege führten sie nie, mit Geldsorgen hatten sie immer zu kämpfen, Bodenschätze zeigten sich nirgends, und den vom Taunus bis an die Grenzen des Ländchens reichenden Wald mußten sie mit der Waldgenossenschaft Hohemark teilen.*

*Nicht nur die nachgeborenen Söhne, auch die Erbprinzen waren gezwungen, zur Erhaltung eines standesgemäßen Lebens fremde Militärdienste anzunehmen. Trotz all dieser Widerstände gelang es ihnen, ihr Land und ihre Untertanen durch die Wirren einiger Kriege zu führen und für die Nachwelt Erhaltenswertes zu schaffen. Hierzu gehören die zwischen 1770 und 1830 geschaffenen Gartenanlagen.*

*Friedrich I. (1585-1638) gründete die Landgrafschaft, bezog die Homburg, die der zu ihren Füßen liegenden Residenzstadt den Namen gab, und bemühte sich, die Schrecken des Dreißigjährigen Krieges zu mildern. Für Baumaßnahmen und Gartenkultur war wenig Zeit, Geld und Sinn vorhanden, daher kam* man nicht über den üblichen Nutzgarten mit Obst- und Gemüseanbau als Spender von Lebensmitteln hinaus.

Nach mancherlei Umwegen kam sein jüngster Sohn Friedrich II. (1633-1708) an die Regierung und entwickelte sich zu einer noch heute bewunderten Persönlichkeit. Seiner Prothese wegen, die sein rechtes Bein nach dem Schuß einer Kanonenkugel ersetzen mußte, wurde er bereits zu Lebzeiten „der Landgraf mit dem silbernen Bein" genannt. Die Ehe mit einer 30 Jahre älteren, aber wohlhabenden Schwedin ermöglichte ihm den Bau des heutigen Schlosses an der Stelle der alten Burg, wobei nur der mittelalterliche Bergfried, der Weiße Turm, erhalten blieb. Durch die Ansiedlung von Gewerbe und die Aufnahme von Flüchtlingen vergrößerte Friedrich seinen Besitz. Hugenotten siedelten mit seiner Erlaubnis 1687 in der Neugründung Friedrichsdorf, Waldenser 1699 in Dornholzhausen. Lange Friedensjahre ermöglichten ihm, sein Land auf eine bessere wirtschaftliche Basis zu stellen. Dieser dynamische, autoritär verfahrende Landesherr, der körperbehinderte ehemalige General der Kavallerie und vielfacher Vater (die Kinder stammten aus seiner zweiten Ehe) gehörte zwar zu den Siegern der Schlacht bei Fehrbellin vom Jahr 1675, ähnelte aber kaum dem „Prinz Friedrich von Homburg", wie ihn Heinrich von Kleist 1810 in seinem gleichnamigen Schauspiel darstellte. Der passionierte Jäger beanspruchte zwar große Areale am Rande seines Hoheitsgebietes, veränderte auch den Garten rund um sein Schloß, doch die Anstellung von Obst- und Hopfengärtnern spricht für eine praktische Nutzung.

Sein Sohn Friedrich III. (1673-1746) betätigte sich vor allem auf dem sozialen Sektor, soweit ihm dies sein Beruf zuerst als Offizier und dann bis zum Tod als Gouverneur einer holländischen Provinz erlaubte. Ihm verdankt Bad Homburg ein 1742 gegründetes Waisenhaus, das noch heute als „Kinderheim Landgräfliche Stiftung" besteht. Da der einzige überlebende Sohn in Rußland Karriere machte und St. Petersburg dem bescheidenen Dasein in Homburg vorzog, übernahm sein Neffe, Friedrich IV. (1724-1751), das Land. Der Offizier hatte im Siebenjährigen Krieg für den Preußenkönig Friedrich den Großen gekämpft und starb jung an seinen Verwundungen. Für seinen dreijährigen Sohn übernahm die Mutter die Vormundschaft, bis dieser 1766 als Friedrich V. Ludwig (1748-1820) selbst regieren konnte. Mit ihm und seiner Frau Caroline aus dem Hause Hessen-Darmstadt begann die Blütezeit der Homburger Gartenkultur. Als erster Erbprinz des Hauses Hessen-Homburg nicht zum Militärdienst erzogen, verlegte er seine Interessen und Kräfte auf schöngeistige Dinge, zu denen neben Literatur für ihn Gärten gehörten. Zwar steckte er in permanenter Geldnot und fügte zu den von den Vorfahren übernommenen Schulden eigene hinzu, doch das hinderte ihn nicht, seinen Besitz zu verschönern. Bot auch das Schloßgebäude einen vernachlässigten Anblick, so wurde dieser durch die Gartenanlagen abgelenkt.

## Die Nachkommen Friedrichs V. Ludwig

Die große Nachkommenschaft Friedrichs V. Ludwig, bestehend aus den ihren Vater überlebenden fünf Söhnen und fünf Töchtern, schien die Existenz des Landes bis in weite Fernen zu garantieren, doch dies erwies sich als Trugschluß. Alle Söhne dienten von früher Jugend an in der preußischen oder österreichischen Armee, kämpften in den Napoleonischen Kriegen auf allen europäischen Schauplätzen und waren bis zur letzten Schlacht bei Waterloo 1815 dabei. Der Jüngste, der sechste Sohn, fiel 1813 in der Schlacht bei Groß-Görschen (Abb. 1a).

Auf dem Wiener Kongreß wurde Hessen-Homburg 1816 ein souveränes Land und *erfuhr seine Erweiterung durch 10.000 „Seelen" im Amte Meisenheim am Glan, bei Kreuznach gelegen. Über rund 20.000 Untertanen gebot nun der Landgraf. Doch auch in den folgenden Friedensjahren waren einige Prinzen abwesend vom heimischen Schloß, betrachteten aber Homburg als Zentrum ihres Lebens. Heirat und Familiengründung umgingen sie möglichst, nur der vierte Sohn hatte einen Nachfolger, den er jedoch überlebte. So übernahm ein Bruder nach dem andern die Landgrafschaft.*

*Erbprinz Friedrich VI. Joseph (1769-1829) heiratete 1818, von der Familie bedrängt, die Tochter König Georgs III. von Großbritannien und Irland, Prinzessin Elizabeth (1770-1840). Mit ihr erlebte Homburg nicht nur den Aufschwung zur Stadt, ihr verdanken wir die Verbreitung englischer Gartenkunst im weiten Umkreis des Schlosses und den Bau des Gotischen Hauses.*

*Landgraf Ludwig (1770-1839) folgte seinem Bruder, konnte aber in seinem Land nur sporadisch tätig sein, da er Gouverneur der Festung Luxemburg war und auch dort starb. Der nächste Bruder Philipp (1779-1846) verbrachte den größten Teil seines Lebens in Österreich, zuerst in Wien, dann in Graz, und verließ nur aus Pflichtbewußtsein ohne innere Neigung dieses Land. Mit 60 Jahren nach Homburg zurückgekehrt, nahm er keine Veränderungen mehr vor. Für die Zukunft der Stadt bedeutsam wurden sein Vertrag mit einem französischen Konzessionär und die Gründung der Spielbank im Jahr 1841. Damit begann Homburgs Aufstieg zum Kurbad.*

*Auf Philipp folgte der Bruder Gustav (1781-1848), der mit seiner Nichte Louise von Anhalt-Dessau verheiratet und Vater von drei Kindern war. Auf dem 1830 geborenen Erbprinzen ruhte die Hoffnung des Landes, doch er starb mit 18 Jahren an Lungenentzündung noch vor seinem Vater. Der letzte Anwärter auf den Landgrafensessel war Ferdinand (1783-1866), ein Junggeselle und Hagestolz, der dem schriftlich ausgesprochenen Wunsche der Bürgerschaft nicht nachkam, nämlich zu heiraten und für Nachkommen zu sorgen. Mit seinem Tode endete die Zeit der Landgrafen von Hessen-Homburg. Laut testamentarischer Vereinbarung ging das Land an den Großherzog von Hessen und bei Rhein in Darmstadt und fiel im selben Jahr im Zuge der politischen Neuordnung nach dem preußisch-österreichischen Krieg an Preußen.*

*Landgraf Friedrich V. Ludwig und seine Frau Caroline beschäftigten sich nicht nur mit dem Schloßgarten, dem Kleinen und dem Großen Tannenwald, sie sorgten auch für den Erwerb von Grundstücken entlang der Tannenwaldallee zur späteren Nutzung. Diese Vorsorge galt den fünf Söhnen, die nach dem Tode der Eltern ihre eigenen Gartenanlagen zur Verfügung hatten. Der Älteste unter ihnen und jetzt Landgraf Friedrich VI. Joseph übergab den Kleinen Tannenwald an seine Frau Elizabeth und überließ ihr auch das an den Schloßgarten angrenzende Grundstück, das ihr Englischer Garten wurde. Seit 1823 sind Schenkungen an die Brüder Louis (Ludwig), Gustav, Ferdinand und Philipp bekannt, deren Gärten nach ihnen benannt wurden. Ihre Ausgestaltung verlief unterschiedlich, ebenso ihr späteres Schicksal nach dem Tode der Besitzer.*

*Obwohl sie dynastisch eine untergeordnete Rolle spielten, übten doch die Töchter und Schwiegertöchter Friedrichs V. Ludwig einen nicht zu unterschätzenden Einfluß auf die Verbindung zu anderen Fürstenhöfen aus und bereicherten das Gebiet der schönen Künste sowie der Gartengestaltung.*

*An der Spitze steht Prinzessin Elizabeth, „die englische Landgräfin", deren Name bei*

*Abb. 1a:*
*Friedrich V. Ludwig und seine Söhne*
*Zeitgenössische Lithographie, Stadtarchiv Bad Homburg v. d. Höhe*

*vielen Projekten immer wieder auftaucht. Von beiden Elternteilen angeregt, wurde sie in Homburg zur Expertin für Gartenkultur im allgemeinen, für Blumen, Sträucher und Bäume und verschiedene Tierarten. Singvögel lagen ihr besonders am Herzen, daher brachte sie Nachtigallen in ihre Gärten. Aufgrund ihrer breitgefächerten künstlerischen Ausbildung schuf sie auch in ästhetischer Hinsicht Neues. Aufgewachsen in den königlichen Schlössern Buckingham House, Windsor, Carlton House, Frogmore Palace und in den ausgedehnten Parkanlagen von Richmond Gardens und dem White House in Kew Gardens, hatte sie Kontakt zu allen botanischen Gärten und bestellte seit der Kindheit den eigenen kleinen Garten. Daneben befaßte sie sich mit Architektur und Viehhaltung. Da sie erst im Alter von 48 Jahren nach Homburg kam, hatten sich ihr Wissen und ihre Eindrücke über die damaligen Strömungen englischer Gartenkunst verfestigt und konnten wie selbstverständlich nach Homburg übertragen werden.*

*Kurz vor ihrer Ankunft im Sommer 1818 war hier die junge Frau des Schwagers Gustav eingezogen, Louise von Anhalt-Dessau (1798-1858). Trotz des großen Altersunterschieds hatten die beiden Frauen ein gemeinsames Interesse: Gärten. Louise war als Enkelin des Fürsten Leopold III. Friedrich Franz von Anhalt-Dessau mit der Wörlitzer und Dessauer Gartenlandschaft vertraut und konnte in Homburg daran anknüpfen. Ihre Mutter, Christiane Amalie (1774-1846), eine Tochter Friedrichs V. Ludwig, hatte 1792 Erbprinz Friedrich von Anhalt-Dessau geheiratet und damit die letzte Vollendung der Arbeiten am Wörlitzer Park erlebt. Bei ihren häufigen Besuchen im Elternhaus und dem Gedankenaustausch mit den Geschwistern kamen sicher die dortigen Gärten zur Sprache. Nachgewiesen ist von 1834 „ihre ordnende und bessernde Hand" in den Gärten des damaligen Landgrafen Ludwig, ihres Bruders Louis. Während seines zweiten Homburg-Aufenthaltes (1804-1806) widmete Friedrich Hölderlin ihr ein Gedicht.*

*Weitere Einflüsse kamen aus dem Thüringer Raum, wo in Rudolstadt zwei Töchter Friedrichs V. Ludwig seit ihrer Eheschließung lebten und engen Kontakt mit dem heimatlichen Homburg sowie unter den Geschwistern hielten. Caroline Louise (1771-1854) war mit Fürst Ludwig Friedrich von Schwarzburg-Rudolstadt verheiratet, Louise Ulrike (1772-1854) mit dessen Bruder Prinz Karl Günther. Die Ältere der beiden, eine begabte Zeichnerin und Malerin, hinterließ zahlreiche Wiedergaben Homburger Gartenmotive, die in Rudolstadt bisher nur teilweise ausgewertet sind. In den Geschwisterkreis ebenfalls eingebunden waren Auguste (1776-1871), mit Großherzog Friedrich Ludwig von Mecklenburg-Schwerin verheiratet, und Marie Anne Amalia, genannt Marianne (1785-1846), die seit 1804 Ehefrau des Prinzen Wilhelm von Preußen war, des jüngsten Bruders König Friedrich Wilhelms III.*

*Trotz der Auflösung des Hauses Hessen-Homburg bedeutete das 19. Jahrhundert auf vielerlei Gebieten die Blütezeit des Landes, vor allem der Residenz Homburg, die einen ungeahnten Aufschwung erlebte. Die Wiederentdeckung einiger Heilquellen und der Erfolg der Spielbank verhalfen dem jetzt internationalen Badeort zu Wohlstand. Die als privates Eigentum angelegten Landgrafengärten konnten übergangslos Anziehungspunkte für verwöhnte Kurgäste werden und fehlten in keinem Stadt- und Kurführer seit 1844. Als idyllische Plätze, Orte der Unterhaltung oder der Belehrung blieben sie in der Erinnerung vieler Fremder, die Homburg als Badeort schätzten.*

# Familientafel Friedrich VI. Joseph

Friedrich I. v. Hessen-Homburg
1585-1638
reg.: 1622-1638
∞ 1622
Margarethe Elisabeth
Gräfin Leiningen-Westerburg
1603-166?

- Wilhelm Christoph
  1625-1681
  reg.: 1650-1669
  ∞ 1650
  Sophie Eleonore
  v. Hessen-Darmstadt
  1634-1664
  ∞ 1665
  Anna Elisabeth
  v. Sachsen-Lauenburg
  1624-1688

- Georg Christian
  1626-1677
  reg.: 1669-1671
  ∞ 1666
  Anna Katharina
  v. Pogwisch,
  verw. Gräfin Ahlefeld
  ?-1694

- Friedrich II.
  1633-1708
  reg.: 1680-1708
  ∞ 1661
  Margarete Gräfin Brahe
  1603-1669
  ∞ 1670
  Luise Elisabeth
  Prinzessin v. Kurland
  1646-1690
  ∞ 1691
  Sophie Sibylle Gräfin
  Leiningen-Westerburg
  1656-1724

- Friedrich III. Jakob
  1673-1746
  reg.: 1708-1746
  ∞ 1700
  Elisabeth Dorothea
  v. Hessen-Darmstadt
  1676-1721
  ∞ 1728
  Christine Charlotte
  Gräfin v.
  Nassau-Ottweiler
  1685-1761

- Kasimir Wilhelm
  1690-1726
  ∞ 1722
  Christine Charlotte
  Gräfin zu Solms-
  Braunfels
  1690-1751

Friedrich IV.
1724-1751
reg.: 1746-1751
∞ 1746
Luise Ulrike Prinzessin
zu Solms-Braunfels
1731-1792
reg.: 1751-1766

Friedrich V.
1748-1820
reg.: 1766-1820
∞ 1768
Caroline
Prinzessin v.
Hessen-Darmstadt
1746-1821

- Friedrich VI. Joseph
  1769-1829 / reg.: 1820-1829
  ∞ 1818
  Elizabeth Prinzessin v. Großbritannien
  1770-1840

- Ludwig Wilhelm
  1770-1839 / reg.: 1829-1839
  ∞ 1804, gesch. 1805
  Auguste Amalie Prinzessin
  v. Nassau-Usingen

- Caroline Louise
  1771-1854
  ∞ 1791
  Fürst Ludwig Friedrich
  v. Schwarzburg-Rudolstadt
  1767-1807

- Louise Ulrike
  1772-1854
  ∞ 1793
  Prinz Karl v. Schwarzburg-Rudolstadt
  1771-1845

- Amalie
  1774-1846
  ∞ 1792
  Erbprinz Friedrich v. Anhalt-Dessau
  1769-1814

- Auguste
  1776-1871
  ∞ 1818
  Erbgroßherzog Friedrich Ludwig
  v. Mecklenburg-Schwerin
  1778-1819

- Philipp August
  1779-1846 / reg.: 1839-1846
  ∞ 1838
  Antonie Rosalie
  Potoschnigg Gräfin v. Naumburg
  1806-1845

- Gustav
  1781-1848
  reg.: 1846-1848
  ∞ 1818
  Louise Friederike
  Prinzessin
  v. Anhalt-Dessau
  1798-1858
  - Karoline
    1819-1872
    ∞ 1839
    Fürst Heinrich XX.
    v. Reuß zu Greiz
    1794-1859
  - Elisabeth
    1823-1864

- Ferdinand
  1783-1866
  reg.: 1848-1866
  als Letzter

- Friedrich
  Erbprinz v. Homburg
  1830-1848

- Marie Anne Amalia
  1785-1846
  ∞ 1804
  Prinz Wilhelm v. Preußen
  1783-1851

- Leopold 1787-1813

*Zur besseren Übersicht ist die Stammtafel des Landgrafenhauses abgebildet.*

# Stadtentwicklung und geistige Strömungen

Seit dem 12. Jahrhundert verstand man unter Landgrafen den Inhaber eines reichslehenbaren Amtes (Verwaltung von Reichsgut, Wahrung des Landfriedens). Im 13. Jahrhundert entwickelten sie sich zu Landesherrschern. Die einzigen noch regierenden Landgrafen im 19. Jahrhundert waren die Landesherren von Hessen-Homburg (1622-1866). Daraus wird ersichtlich, welche wesentliche Rolle den Landgrafen in Homburg zukam. Sie beeinflußten nachhaltig die Stadtentwicklung und waren am Ausbau der Grünanlagen maßgeblich beteiligt.

Dieses Kapitel gibt eine Übersicht der Stadtentwicklung und über den Einfluß der jeweils herrschenden Persönlichkeit des Landgrafenhauses.

Im 12. Jahrhundert entstand oberhalb des Dorfes Tidenheim (Dietigheim), das zuerst 782 im Lorscher Codex erwähnt wird, die Burg Hohenberg. Zwischen Burg und Dorf entwickelte sich eine Ansiedlung, welche den Namen der Burg trug. Während der 300jährigen Herrschaft der Herren von Eppstein über Tal Dietigheim und Burg Hohenberg erlebte dieses Gemeinwesen einen stetigen Aufstieg und erhielt um 1330 Stadtrecht. Durch Verkauf, Tausch und Erbschaft wechselte Homburg mehrfach den Besitzer. 1487 gelangte es zu den Grafen von Hanau und 1504 an die Landgrafen von Hessen. 1622 übergab Landgraf Ludwig von Hessen-Darmstadt seinem Bruder Friedrich das Amt Homburg als teilselbständige Landgrafschaft unter hessisch-darmstädtischer Oberhoheit, was in den folgenden Jahrhunderten immer wieder zu Spannungen zwischen Hessen-Homburg und Hessen-Darmstadt führte.

Dilichs Radierung aus „Hessische Chronica" von 1605 liefert eine für die Zeit ungewöhnlich exakte Darstellung von Homburg. Rechts zeigt sie die Burganlage mit dem Bergfried (ohne Dachhaube), um die sich verschiedene Wirtschaftsgebäude gruppieren. Inmitten der gedrängten Altstadthäuser unterhalb des steilen Burgbergs ist als markantes Bauwerk das Rathaus zu erkennen (Abb. 2).

*Abb. 2: Homburg v. d. Höhe, 1605, v. W. Dilich, Stadtarchiv Bad Homburg v. d. Höhe*

*Abb. 3:*
*Ansicht der Stadt Homburg von F. P. Schulz/Ostertag/ Contgen, „Prospect der Hochfürstl. Residenz Homburg“ aus dem Homburger Gesangsbuch, 1734, Stadtarchiv Bad Homburg v. d. Höhe*

Eine andere Abbildung 50 Jahre später nach einem Merianschen Kupferstich zeigt ein jüngeres Stadium von Schloß und Stadt. So sieht man das durch Neubauten und Instandsetzungen nach 1630 veränderte Schloß, an dessen Ost- und Südseiten zwei weitere mehrstöckige Gebäude stehen, und den Weißen Turm, von einer Haube bekrönt. Unterhalb des Burgbergs erstreckt sich eine barockähnliche Gartenanlage mit geometrisch angelegten Laubengängen und rechteckigen, von Wegen durchzogenen Beeten.

Landgraf Friedrich II. (1633-1708) „mit dem silbernen Bein“, Kleists „Prinz von Homburg“, ließ 1680 bis 1685 die mittelalterliche Burg bis auf den Bergfried Weißer Turm abbrechen und das neue Schloß, seine „Friedrichsburg“, erbauen, das im wesentlichen seine Gestalt bis heute beibehalten hat. Der Kupferstich von 1734 zeigt die Stadt von Westen, im Mittelpunkt das nach 1680 neu erbaute Schloß. Der Südwesthang des Schlosses ist als Weinberg angelegt (Abb. 3).

Etwa zeitgleich mit dem Schloßbau wurde die Neustadt, „Louisenstadt“, angelegt. In dem Baumeister und Architekten Paul Andrich fand er den richtigen Partner zur Verwirklichung seiner Pläne. Er war nicht nur zuständig für Neuanlagen, sondern konstruierte auch das sogenannte silberne Bein des Landgrafen.

Die Vergrößerung des „kleinen Tiergartens nächst seinem eigentümlichen Tannenwald ohnweit Oberstedten“ geht auf die Initiative des leidenschaftlichen Jägers zurück. Er will den Wildpark nur zu „seinem Pläsir und seiner Ergötzlichkeit“. Dieser Park lag an der

Stelle des heutigen Hirschgartens. Um das Verhältnis zu Hessen-Darmstadt zu stabilisieren, wurde der älteste Sohn Friedrichs II., Friedrich Jacob (1679-1746), mit Elisabeth Dorothea, der Schwester des damaligen Landgrafen von Hessen-Darmstadt, vermählt. Trotz seiner häufigen Abwesenheit verfolgte er die Siedlungspolitik ebenso konsequent weiter wie sein Vater. Die Neustadt mit ihrem quadratisch angelegten Grundriß begann erst unter seiner Regentschaft zu wachsen.

Mit dem Tode Friedrichs III. Jacob kam im Jahre 1746 sein Neffe, Friedrich IV. Karl, für nur 5 Jahre zur Regierung. Als er 1751 starb, hinterließ er einen unmündigen Sohn, für den die erst 19jährige Mutter Louise Ulrike von Solms-Braunfels für 15 Jahre die Regentschaft führte. Während dieser Zeit trieben die Auseinandersetzungen mit dem Haus Hessen-Darmstadt auf den Höhepunkt zu. Sie gipfelten in der Inhaftierung des engsten Beraters der Landgräfin, des Geheimen Rates Friedrich Carl Casimir von Creuz zu Wuertz, der erst durch kaiserliche Fürsprache wieder freikam. Die Auseinandersetzungen hätten sicherlich noch kein Ende gefunden, wenn es nicht gelungen wäre, Homburg und Darmstadt durch eine Heirat wieder einander näherzubringen. So nahm Friedrich V. Ludwig (1748-1820) 1768 die darmstädtische Prinzessin Caroline zur Frau und vereinbarte einen Haus-, Haupt- und Erbvertrag, der dem Homburger Landgrafen die langersehnte Selbständigkeit im Rahmen des Deutschen Reiches, das Recht der Gesetzgebung, Gerichtsbarkeit und Militärhoheit zusicherte.

Im Gegensatz zu seinen Vorfahren schlug Friedrich V. Ludwig nicht die militärische Laufbahn ein, sondern wurde von Anfang an für die Regierung seines Territoriums erzogen. Durch seine christlich-humanistische Erziehung war er ein Freund der schöngeistigen Künste und pflegte Kontakt zu bedeutenden Persönlichkeiten wie Klopstock, Lavater und Voltaire. Der in Homburg wohnhafte Regierungsrat Isaac von Sinclair bot Friedrich Hölderlin eine Zuflucht in Homburg, als er 1798 plötzlich das Haus des Frankfurter Kaufmanns Gontard verlassen mußte. Bis 1800 lebte er in Homburg und wurde auch am Landgrafenhof eingeführt.

Auch Johann Wolfgang von Goethe hielt sich einige Male am Homburger Landgrafenhof auf. Während er in späterer Zeit als berühmter Dichter und Minister Friedrich V. Ludwig und dessen Familie besuchte, kam er in seinen jungen Jahren 1772 der schwärmerischen Hofdame Louise von Zieglers wegen. Als „Lila" besang er sie in dem Gedicht „Pilgers Morgenlied" und sicherte damit dem Weißen Turm einen Platz in der deutschen Dichtung.

Leider wurde auch Friedrich V. Ludwig in den Strudel politischer Auseinandersetzungen gezogen und Homburg 1806 mediatisiert.

1820 übernahm sein Sohn, Friedrich VI. Joseph (1769-1829), die Regierung. Er war seit zwei Jahren mit Elizabeth, Prinzessin von Großbritannien, verheiratet. Unter seiner Regierung wurde 1821-1827 eine Landesvermessung durchgeführt und damit eine moderne Grundbuch- und Katasterverwaltung eingerichtet (K1). Der Ausbau der Elisabethenschneise als Verlängerung der Tannenwaldallee (1822-1823) und die Befestigung der Allee zählen zu den Verdiensten der Landgräfin Elizabeth.

# Einflüsse auf die Gartenlandschaft

Die verwandtschaftlichen Verbindungen des Homburger Landgrafenhauses mit zahlreichen europäischen Königs- und Fürstenhöfen und die damit verbundene Öffnung für verschiedene Einflüsse von außen bedingen die ungewöhnlich qualitätvolle Ausgestaltung der Gartenlandschaft. Ein besonders glücklicher Umstand liegt darin, daß engste Verbindungen sowohl nach Dessau-Wörlitz als auch an den preußischen Königshof bestanden. Somit rückten die für Gartenkunst und -kultur im 18. und 19. Jahrhundert prägenden Schöpfungen in die unmittelbare Nähe des Landgrafenhauses.

Wie bereits ausgeführt, heiratete Friedrich V. Ludwig 1768 die älteste Tochter der „Großen Landgräfin", Caroline von Hessen-Darmstadt (1721-1774).

Als Tochter dieser ungewöhnlichen Frau wuchs Caroline zunächst in Buchsweiler auf, welches zur damaligen Zeit ein Kleinod an Gartenanlage besaß, wie Goethe schon 1770/71 beschrieb. Die andere Hälfte ihrer Kindheit verbrachte Caroline in Prenzlau, wo ihr Vater in den Diensten des preußischen Königs Friedrich II. stand. Friedrich II. gelangte nicht nur aufgrund seiner militärischen Neigungen, sondern auch als schöngeistiger Mensch zu Ruhm. Die Beziehungen ihrer Mutter, der „Großen Landgräfin", zu dem preußischen Königshaus führten zu späteren Verehelichungen ihrer Geschwister mit dem russischen Kaiserhaus, dem preußischen König und dem Großherzog von Sachsen-Weimar.

Am Hof ihrer Mutter in Darmstadt machte Landgräfin Caroline wenige Jahre vor ihrer Hochzeit an den Homburger Hof die Bekanntschaft des Schriftstellers Johann Heinrich Merck (1741-1791) und dessen ins Leben gerufenen Kreises der Empfindsamen, in dem man sich mit Goethe, Herder, Wieland und anderen regelmäßig austauschte. Die Erziehung durch ihre sehr gebildete und hochanerkannte Mutter und die daraus resultierenden schöngeistigen Verbindungen sowie verwandtschaftliche Beziehungen zu den großen Königshöfen brachten Glanz in das Homburger Landgrafenhaus. Mit Friedrich V. Ludwig fand Landgräfin Caroline einen feinsinnigen Menschen, der Kunst und Kultur in jeder Hinsicht am Landgrafenhof förderte. Nur so ist es zu verstehen, daß schon zwei Jahre nach der Eheschließung der Schloßpark unter Carolines Aufsicht verändert und die Tannenwaldallee nebst Schaffung des Großen und des Kleinen Tannenwaldes zu Ehren Carolines von Friedrich V. Ludwig angelegt wurde. Während der Große Tannenwald eher sein Rückzugsbereich war, schenkte er den Kleinen Tannenwald seiner Frau und ließ ihn ganz nach ihren Wünschen neu anlegen.

Während die Gartenschöpfungen mit dem Großen Tannenwald ihren vorläufigen Endpunkt fanden, entwickelte die englische Prinzessin Elizabeth (1770-1840), nach ihrer Heirat mit Friedrich VI. Joseph an den Homburger Hof 1818, diese Anfänge weiter.

So ließ sie den Englischen Garten 1822 in englischem Stil mit vielerlei exotischen Pflanzen und ausländischem Samenmaterial, das sie eigens aus England kommen ließ, anlegen. Der Kleine Tannenwald wurde ihr besonderes Kleinod und ihre Zufluchtsstätte. Auch hier ließ sie den von ihrer Schwiegermutter Caroline geschenkten Park nach ihren Vorstellungen verändern. Unter anderem richtete sie dort eine Meierei ein. Aber auch im Schloßpark machte sie – nicht nur durch die Pflanzung von zwei Libanon-Zedern, ein Hochzeitsgeschenk ihres Bruders – ihren gärtnerischen Einfluß geltend. 1829 wurde der „neuenglische Flügel" des Schlosses weiter ausgebaut und reich ausgestattet. Im selben Jahr erhielt dieser Flügel auch den gußeisernen Balkon in Blickrichtung auf die Tannenwaldallee, der es seiner Bewohnerin ermöglichte, alle gärtnerischen Schöpfungen bis zum Gotischen Haus zu überblicken.

Weitere Einflüsse entstanden aus dem Vermächtnis Friedrichs V. Ludwig an seine Söhne, denen er jedem ein Stück Land zur persönlichen Nutzung entlang der Tannenwaldallee schenkte, in der Hoffnung, sie würden seine Leidenschaft für Gartenanlagen teilen. Bedingt durch die häufige Abwesenheit der Landgrafen, wurde lediglich eine Gartenanlage gartenkunstgerecht gestaltet.

Landgraf Gustav (1781-1848) heiratete 1818 Prinzessin Louise Friederike von Anhalt-Dessau, die Tochter seiner Schwester Amalie, die seit 1792 mit Erbprinz Friedrich von Anhalt-Dessau verheiratet war.

Seine Frau, Landgräfin Louise, wuchs demnach in der sich entwickelnden Gartenlandschaft des Wörlitzer Gartenreichs auf und war bestens vertraut mit den Grundlagen englischer Gartenkunst. Obwohl bis heute kein Plan zum Gustavsgarten aus der damaligen Zeit aufzufinden ist, so spricht doch der heutige Zustand der Gartenanlage für eine sorgfältige Planung. Es ist anzunehmen, daß Landgräfin Louise maßgeblich an der Parkgestaltung des heutigen Gustavsgartens mitgewirkt hat.

So fanden sich mit der Prinzessin aus Großbritannien und der Enkelin des Schöpfers des Dessau-Wörlitzer Gartenreichs, Leopold III., Friedrich-Franz von Anhalt-Dessau (1740-1817), zwei starke Vertreterinnen der englischen Gartenkunst ab 1818 am Homburger Hof ein. Inwieweit diese Kontakte miteinander maßgeblich die durchgeführten Planungen beeinflußt haben, wäre Gegenstand weiterer Untersuchungen. Es steht jedoch zweifelsfrei fest, daß sich die Gartenlandschaft Homburgs unter dem Einfluß englischer Gartenkultur in den Jahren 1818 bis 1840 erst zu einem Landschaftspark entwickeln konnte. Während vorher nur vereinzelte Gärten angelegt wurden, erfolgte jetzt die Zusammenführung der Einzelpartien unter ein raumübergreifendes Gesamtkonzept.

## Das Schloß als Ausgangspunkt der Landgräflichen Gartengestaltung

*Abb. 4:*
*Schloßansicht nach 1718, Tannenwaldallee noch nicht vorhanden, Verwaltung der Staatlichen Schlösser und Gärten in Bad Homburg v. d. Höhe*

Das Landgrafenschloß liegt auf dem höchsten Punkt des Hügelrückens, auf dem die Stadt erbaut ist. Nach Westen hin fällt das Gelände steil zum Tal des Heuchelbachs ab. Da die Baugeschichte des Schlosses eng mit der Geschichte der Landgrafschaft verknüpft ist, werden im Folgenden die nach H. Ladendorf/Zimmermann (1959)[11] festgelegten sieben Hauptbauperioden aufgezählt.

Abbildungen verdeutlichen die wesentlichen baulichen und landschaftlichen Veränderungen.

1. Die Burg der Eppsteiner aus dem frühesten Mittelalter.
2. Die „Brendelburg" aus der Blüte der Ritterzeit im 14. bis 15. Jahrhundert.
3. Die Burg des 16. Jahrhunderts nach der Reformation (s. Abb. 2).
4. Das Residenzschloß aus der Blütezeit Homburgs nach dem Dreißigjährigen Krieg unter Friedrich II., der es „Friedrichsburg" taufte.
5. Das Schloß unter Friedrich III. Jacob (Abb. 4, Schloßansicht nach 1718).
   Deutlich erkennbar sind die regellosen Bauten der Altstadt in der rechten Bildhälfte und die parallelen Straßenzüge der Neustadt in der linken Bildhälfte. Westlich erstreckt sich eine naturnahe Landschaft in Richtung Taunus, noch ohne die spätere Anlage der Tannenwaldallee.
6. Das Schloß nach den Befreiungskriegen, das die Landgrafen Friedrich VI. Joseph und Ludwig umbauten (Abb. 5, Schloß mit Schloßgarten um 1770).
7. Die Zeit seit dem Fall an Preußen 1866, in der es zu einem Sommersitz des deutschen Kaisers wurde.

Wesentliche bauliche Änderungen, von Prinzessin Elizabeth initiiert:

Zu Beginn der Regierung Friedrichs VI. Joseph und seiner Frau, Landgräfin Elizabeth, standen kleinere Umbauten am Schloß. Die stattliche Mitgift seiner Frau hatte es dem Landgrafen erlaubt, den berühmten Darmstädter Architekten Moller mit der Verschönerung des Schlosses zu betrauen.

1818 wurde der Archivflügel neu gedeckt. Zwischen 1835 und 1840 wurde der Umbau des Schlosses, in erster Linie des sogenannten Königsflügels nach der Dorotheenstraße, vorgenommen. Es handelte sich um eine bedeutende Vergrößerung durch den Aufbau eines dritten Stockwerks und durch Erhöhung

11. H. Ladendorf/ M. Zimmermann, 1959

*Abb. 5:*
*Schloß mit Schloßgarten um 1770, Ölgemälde Verwaltung der Staatlichen Schlösser und Gärten in Bad Homburg v. d. Höhe*

des Eckpavillons. Die ziegelgedeckten Mansardendächer wurden entfernt.

1829 wurde der „Englische Flügel" weiter ausgebaut und reich ausgestattet. In diesem Jahr erhielt dieser Flügel auch den gußeisernen Balkon in Blickrichtung auf die Tannenwaldallee. Größere Veränderungen betrafen den Königsflügel durch Ausbau eines Empfangssalons und den Querflügel mit dem Wiederaufbau des kleinen Türmchens, das 1807 wegen Baufälligkeit abgebrochen worden war.

Das Homburger Schloß hatte sich, wie man sieht, in einem Zeitraum von 300 Jahren vom bescheidenen Herrensitz zum Stammschloß des Fürstengeschlechts der Hessen-Homburger und schließlich zu einer Sommerresidenz des Kaisers entwickelt.

Als heutiger Sitz der Verwaltung der Staatlichen Schlösser und Gärten Hessen, Bad Homburg v. d. Höhe, umschließt der weitläufige Bau mit seinen 6 Flügeln 2 Höfe, wobei der höher gelegene größere Innenhof mit „Oberer Schloßhof" und der tiefer gelegene kleinere mit „Unterer Schloßhof" oder „Wirtschaftshof" bezeichnet wird.

Der Obere Schloßhof wird im Osten vom Königsflügel und im Süden vom Archivflügel begrenzt. Im Norden stellt der Hirschgartenflügel die Trennlinie zum Unteren Schloßhof her. Im Westen steht der Bibliotheksflügel zur Abgrenzung des Oberen Schloßhofes. Archiv- und Bibliotheksflügel berühren sich jedoch nicht, was zu einem freien Blick nach Südwest und West führt. Direkt an den Bibliotheksflügel schließt sich nach Norden der Englische Flügel an, der somit die Westgrenze des unteren Schloßhofes darstellt. Als nördliche Begrenzung des unteren Schloßhofes erheben sich der Kirchen- und der Turmflügel. Im Osten wird dieser Hof nicht durch ein markantes Gebäude abgeschlossen (Abb. 6).

Im Oberen Schloßhof befindet sich der 48 m hohe Weiße Turm, Homburgs weithin sichtbares Wahrzeichen, das als einziges Relikt der frühmittelalterlichen Burg erhalten

*Abb. 6:*
*Schloß*
*Bad Homburg v. d. Höhe,*
*Luftaufnahme freigegeben vom RP Darmstadt unter Nr. 1418/79*
*Verwaltung der Staatlichen Schlösser und Gärten in Bad Homburg v. d. Höhe*

geblieben ist. Seine weiß getünchten Mauern aus Bruchstein sind bis zu 3 m dick. In 2/3 der Höhe befindet sich eine zinnengeschmückte runde Plattform, auf der sich eine barocke Haube mit goldenem Knauf und kunstvoll geschmiedeter Wetterfahne erhebt. Von hier oben bietet sich dem Besucher ein erhebender Ausblick auf Schloß mit Schloßgarten bis zu den Taunushöhen. Auf der Gegenseite reicht die Sicht über die Mainebene bis nach Frankfurt.

Der Englische Flügel (Elisabethenflügel) an der Westseite des Gebäudekomplexes enthält die sieben Wohnräume der Landgräfin Elizabeth. Von der hier befestigten Balkonbrüstung aus zieht sich die Tannenwaldallee und in ihrer Verlängerung die Elisabethenschneise, als direkte Verbindung zwischen Schloß und Taunusgebirge, bis auf den Sandplacken am Limes.

An den Englischen Flügel schließt der Bibliotheksflügel an, der früher die kostbare Büchersammlung des Landgrafen enthielt. Heute ist hier die Handbibliothek des letzten Landgrafen ausgestellt.

Unterhalb dieses Flügels befindet sich eine romanische Säulenhalle. Sie stammt vom Kloster Brauweiler bei Köln und ist auf Wunsch Kaiser Wilhelms II. hier wieder aufgebaut worden. Nördlich erstrecken sich Uhrturm und Kirchenflügel. Hier liegt der Nebeneingang von der Herrngasse aus in das Schloßgebäude.

Der eigentliche Haupteingang befindet sich vor dem Königsbau. Von hier aus betritt man den Schloßpark, der als Ausgangspunkt der Landgräflichen Gartengestaltung im folgenden Kapitel zuerst beschrieben wird.

# Die Landgräflichen Gärten entlang der Tannenwaldallee

Die nun folgenden Beschreibungen landgräflicher Gartenschöpfungen erfolgen nicht nach Wertigkeit, sondern in der Abfolge einer Wanderung in Richtung Taunushöhen mit dem Schloß als Ausgangspunkt.

# Der Schloßpark

Betritt man den Schloßpark über seinen Haupteingang, so ziehen die zwei mächtigen, von Elizabeth 1820 gepflanzten Libanon-Zedern, die Blicke auf sich. Dieser Gartenteil ist höher gelegen und wurde daher zeitweise in der Literatur auch als „Obergarten“ bezeichnet. Auch heute noch ist er in barocker Manier mit Parterrezone und Alleen streng geometrisch gegliedert. Er wird nördlich von der Orangerie und gärtnerischen Wirtschaftsgebäuden begrenzt. Vor der Orangerie, die heute als gärtnerischer Betriebshof fungiert, breitet sich ein Staudengarten aus.

Die südliche Grenze bildet eine Kastanienallee. Von hier ausgehend fällt das Gelände steil nach Südwesten hin ab und ist im Stil des Englischen Landschaftsgartens unter Landgräfin Caroline (1746-1821) begonnen und durch Elizabeth weitergestaltet worden.

Folgt man dem abwärts führenden Weg, so gelangt man zunächst zu „Goethes Ruh“, dem ehemaligen Steinbruch, einem vertieft liegenden, von vielerlei Gehölzen umschatteten Platz. Unterhalb liegt der von zahlreichen Enten besiedelte Schloßteich, aus dem sich eine Insel erhebt. Jenseits des Teichs verläuft der von Ufervegetation umgebene Heuchelbach. Eine Brücke hierüber geleitet den Spaziergänger zu einem kleinen rasenbewachsenen Hügel, auf dessen Höhepunkt ein Holzpavillon steht. Nordwestlich schließen sich ein Kastanienhain und Streuobstwiesen an. Südlich begrenzt diesen Gartenteil ein auf die Tannenwaldallee zuführender Fußweg. Hier endet auch der öffentliche Teil des Parks. Auf der anderen Seite des Wegs befinden sich die heutigen Anzuchtgärten der Schloßgärtnerei.

Eine der ersten Burgansichten zeigt noch keinen Park, nur den Schloßweiher, der als früherer Burggraben fast vom Untertor bis zur früheren Obermühle reichte. Er umgab den Burgfelsen an seiner Südwestseite und wurde vom Altbach gespeist. Der barockähnlich angelegte Obst- und Küchengarten reichte an seiner Südseite bis an den Weiher. Südlich schloß sich ein eventuell mit Weinreben bewachsener Laubengang an. Das Obstbaumquartier im westlichen Teil des Gartens blieb bis heute erhalten. Der Burgberg war noch nicht bewachsen, da Gebüsch und Bäume es einem Angreifer leichter gemacht hätten, die Burg zu stürmen. Doch schon 1770 wurde der Burgberg mit Bäumen und Sträuchern bepflanzt.

Den eigentlichen Lustgarten zwischen Königsflügel und Löwengasse beschreibt der Homburger Chronist Hamel als nach „holländischer Art“ mit folgenden Elementen: „Belvedere, Alleen, Rondels, Bassins, Springbrunnen, Lauben etc“. angelegt (Abb. 7). Treibhäuser und Mistbeete liefern bis heute den einzigartigen Reichtum an Blumen und Stauden, mit denen allsommerlich die Rahmenrabatten der Rasenflächen gefüllt werden. Schon Anfang des 19. Jahrhunderts wurden Orangen- und Zitronenbäume in Kübeln gezogen und auf allen Terrassen vor dem Königsflügel aufgestellt. Exotisch sind die Pflanzenarten, die in der Schloßgärtnerei gezogen wurden, als da sind: Oleander, Orangen, Lorbeer, Zitronen (Limonen), Oliven, Feigen, Granatäpfel, Kaffeebäume ... Laurus tinus und cerasus, Cerinthe hisp., Siliqua (Cerationi dulcis) (Johannisbrot), Limona sacchari.

Auf dem Gebiet des im 17./18. Jahrhundert häufig erwähnten Schloßweinbergs, unterhalb der Allee, erstreckt sich das „Bosquet“.

Eine Ansicht des Parks mit Teich von 1863 (Abb. 8) zeigt uns den Park in einem sehr gepflegten Zustand. Homburgs Aufstieg zur Kurstadt hatte schon begonnen, und es war zu einem Zentrum der „feinen Gesellschaft“ geworden.

*Abb. 7: Ansicht des Königsflügels mit barockem Gartenteil von F. C. Reinermann 1819, Original im Historischen Museum Frankfurt/ M., Aquarell; Verwaltung der Staatlichen Schlösser und Gärten in Bad Homburg v. d. Höhe*

Abb. 8:
Schloßpark mit Teich von G. Vanderhecht, 1863, aus dem Album „Bains de Homburg", Brüssel, 1863, Aquarell, Stadtarchiv Bad Homburg v. d. Höhe

Der Schloßpark, als repräsentatives „Aushängeschild" des Schlosses Homburg, befand sich in seiner Blütezeit. Der Schloßteich wurde zu romantischen Bootsfahrten benutzt und lud mit seinen weit ausladenden, zum Wasser hin flach abfallenden Ufern zum Sitzen, Plaudern, Promenieren ein. Jenseits des Teichs lockte ein hölzernes Teehaus „Die Phantasie" zu gefühlvollen Teestunden, von denen Goethes „Lila" 1772 berichtete. „Ein Bach durchschlängelt dieselbe zwischen Gebüsch und blumenreichen Auen, mehrere Brücken führen über die felsigen Ufer des Baches zu Lauben, Rondells, kleinen Sommerhäusern etc".[12] An die ursprüngliche „Phantasie" erinnert heute nur noch ein kleiner Holzpavillon. Westlich erstreckt sich auch heute noch der herrschaftliche Gemüse- und Obstgarten, an dessen Ende eine „dunkle gewölbte Allee" liegt, die auf einen „rauschenden Bach" zuläuft.[13] Die eben beschriebenen Partien finden sich allesamt im Situationsplan von 1872 wieder (Abb. 9).

Ab 1758 fand die Umwandlung des alten französischen Gartens in einen englischen Garten statt. Maßgeblich daran beteiligt war Landgräfin Caroline (1746-1821). In einem Brief an ihre Mutter schreibt sie über die Gartenanlage: „... le jardin anglais a parcouru le plan et il veut tout mettre en prairies et moutons ... Sievert ma fait un tres joli plan".[14] Daraus ergibt sich, daß der Darmstädter Hofgärtner Siebert mit der Gestaltung des Schloßparks beauftragt war. Der Schloßteich wurde 1722 und 1810-1811 zur Reinigung von Schlamm entleert. „Serenissimus, Landgraf Friedrich Ludwig, haben Gnädigst zu resolvieren geruht, den Höchstdemselben gehörigen großen Teich im hiesigen Herrschaftlichen Garten ausgraben und ausführen zu lassen" heißt es in einer Bekanntmachung des Stadtschultheißen Birkenstock vom 13.9.1810.

12. H. Jacobi, o. J., Die Gartenkunst in Homburg

13. J. G. Hamel, 1833

14. Zit. in H. Jacobi, o. J., Übersetzung des Zitats: „Ein Englischer Garten ist geplant und er will alles mit Wiesen und Schafen gestalten. Siebert hat mir einen sehr schönen Plan entworfen ..."

Der Schlamm wurde von den Landwirten der Umgebung abgeholt und als Dung auf ihren Äckern ausgebracht. Im Frühjahr 1811 wurde der Teich in einen Gemüsegarten umgewandelt, in dem Hofgärtner Fleischmann fantastische Erträge erzielte. Anläßlich der Vermählung Friedrichs VI. Joseph mit Prinzessin Elizabeth von Großbritannien 1818 opferte man den Gemüsegarten und verwandelte ihn in einen Teich zurück, um dem Schloßpark ein würdiges Aussehen zu verleihen. Den kleinen hinteren Teich ließ Kaiser Wilhelm II. für Tennisplätze, vermutlich um 1900, trockenlegen.[15]

Die um 1930 angelegte und mit Pappeln bepflanzte Insel im Teich war damals sehr umstritten, da sie die „Weite spiegelnde Fläche des Wasserspiegels vollständig zerreißt".[15] Um dieselbe Zeit wurde die seit 1841 im Schloßpark betriebene Lederfabrik gegen den Lustgarten Kleiner Tannenwald getauscht, um die unliebsame Fabrik aus dem Schloßpark zu entfernen.

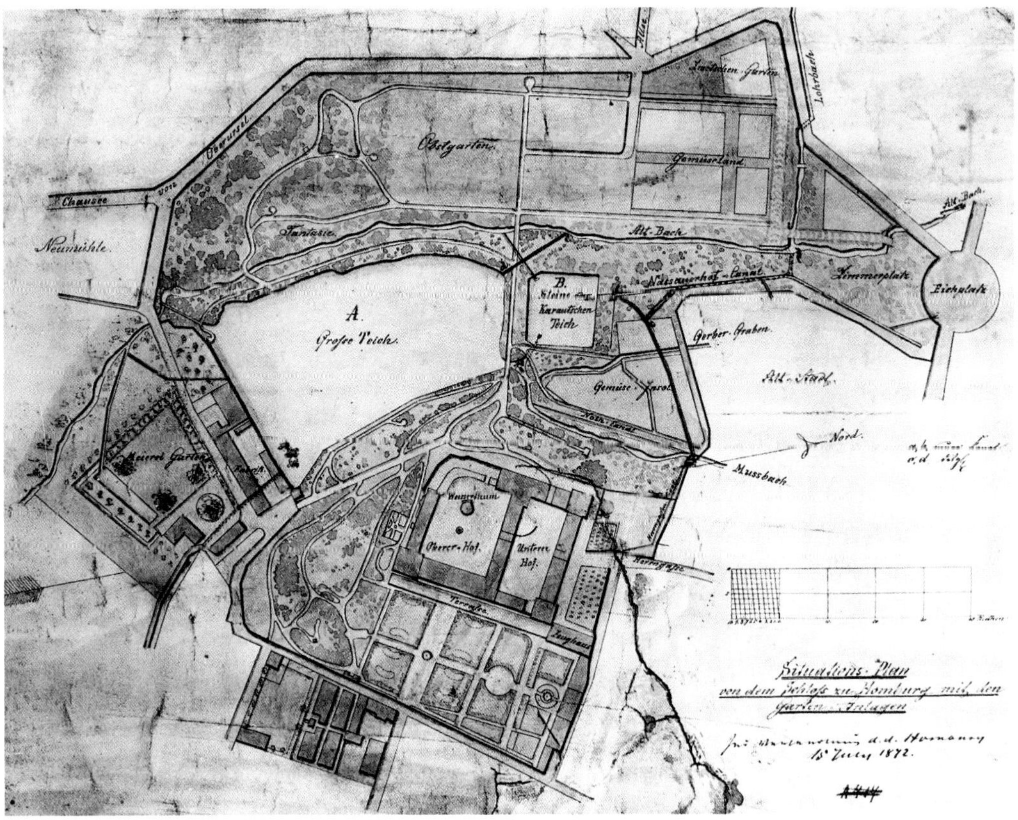


*Abb. 9: „Situations-Plan von dem Schloß zu Homburg mit den Garten Anlagen" von 1872, Verwaltung der Staatlichen Schlösser und Gärten in Bad Homburg v. d. Höhe*

15. H. Jacobi, o. J.

# Die Tannenwaldallee

Bevor wir auf die Tannenwaldallee zu sprechen kommen, noch einige allgemeine Worte zur Entwicklung des Alleegedankens in der Gartenkulltur.

Die Baumallee ist eines der wichtigsten Gestaltungselemente der Gartenkunst. Von der Antike bis zur Neuzeit läßt sich die Verwendung von Alleen nachweisen. Die Kontinuität und Beliebtheit dieses Stilelements haben sie aus der Vielzahl der oftmals nur kurzfristig verwendeten gartenkünstlerischen Elemente herausgehoben. Entstanden ist sie aus einem Rhythmusgefühl: die gleichmäßige Aneinanderreihung gleicher Elemente in gleichen Abständen.[16]

Während die Allee zur Zeit der Renaissance noch als Requisit des Gartenraums galt, erfuhr sie während der Folgezeit im Barock einen erheblichen Bedeutungszuwachs. Nach dem französischen Gartenarchitekten Le Notre dienen Alleen der Gliederung der Parkanlage und führen den Blick weit über die Grenzen des Parks in die Landschaft hinaus. Schloß und Park sind hier, wie man am Beispiel von Versailles deutlich erkennt, eine Einheit unter dem Willen eines einzigen Herrschers. Somit wurden sie damals auch als ein Symbol herrschaftlicher Macht verstanden.[17]

Nach S. Bührle[18] hatten die Alleen in ihrer Blütezeit folgende Funktionen:

1. Gestalterisch ästhetische Funktionen durch
   - übergreifendes Ordnungssystem
   - raumgliedernde Wirkung
   - raumbildende Wirkung
   - unterschiedliche Lichtverhältnisse
   - Hinlenkung auf Blick- oder Hauptpunkte (Point de vu)
2. Ideell-symbolische Funktion
   - Mittel zur Machtdemonstration
   - Repräsentationsmittel
   - Kulisse für Inszenierung höfischen Lebens
3. Funktionelle Aufgaben
   - Orientierungshilfe in Park und Stadt
   - Erschließung mit Fuhrwerken
   - räumliche und historische Orientierung
   - Trennung und Abschirmung unterschiedlicher Bereiche
   - (Stadt)klimaverbessernde und temperaturausgleichende Wirkung
4. Soziale Funktion
   - Erholung
   - Treffpunkt
   - Schattenspender

Professor Gamer[19] sieht in der Bezeichnung „Allee" nur einen breiten Weg „ordinairement bordé d'arbres ou de pallisades". Demnach waren Alleen oftmals mit brüstungshohen Hecken eingefaßt („banquet"). Es gab aber auch Alleen aus Formbäumchen, aus Aufstellpflanzen in Kübeln oder Kästen, Alleen auf Rasenflächen oder mit Rosenunterpflanzung („Petit Trianon"). Eine besondere Eigenart um 1770 war es, die Baumstämme durch Kletterpflanzen, beispielsweise Geißblatt, die wie Girlanden wirkten, zu verbinden.

Genaue Ausführungen über Alleen finden sich seit 1760 bei Dezallier D'Argenville.[20] So unterscheidet er zwischen „gedeckten" und „offenen" Alleen. Bei der offenen Allee dürfen sich die Kronen nicht berühren. Der Zwischenraum ist mit einem „tapis de gazon" (Rasenteppich) unterlegt. Die gedeckte Allee bildet sich nach Entfernen des Mitteltriebs der Bäume und indem man die Äste horizontal über die Wegefläche führt. Ein weiteres Unterscheidungsmerkmal liegt in der einfachen und der doppelten Allee. Hierbei ist die Anzahl der die Allee bildenden Baumreihen ausschlaggebend.

Zusammenfassend ist eine Allee charakterisiert durch

- Gleichheit der Art
- Gleichheit in der Erscheinungsform
- Gleichheit des Alters
- geradlinige, richtungsbetonte Form

*16. S. Bührle, 1988*

*17. D. Hennebo, 1981*

*18. S. Bührle, 1988*

*19. J. Gamer, 1987*

*20. J. Dezallier D'Argenville, 1760*

Da die Allee schon immer ein vielbeachtetes Stilelement war, gibt es sehr viele Beschreibungen spezifischer Alleenarten, die an dieser Stelle nicht weiter ausgeführt werden.

Als kunst- und kulturhistorisches Dokument bedarf sie denkmalpflegerischer Betreuung, wobei der Blick nicht auf den Einzelbaum, sondern immer auf die Allee in ihrer Gesamtheit gerichtet wird.

Von den vier geforderten Charakteristika einer Allee, Gleichheit in Art, Erscheinungsform und Alter sowie eine geradlinige, richtungsbetonte Form, ist bei der Bad Homburger Tannenwaldallee nur noch letzteres anzutreffen. Heute setzt sich die Allee aus einem uneinheitlichen Baumbestand zusammen. Selbst in dem nur für Fußgänger zugelassenen hinteren Alleebereich liegt noch immer eine Asphaltdecke auf dem historischen Weg.

Als „langfristig irreparable Schäden" eines Gartenkunstwerks werden Schäden bezeichnet, die entstehen, wenn historische Alleen oder Blickachsen in ihrer gezielten Ausrichtung in die Landschaft durch Bauwerke oder technische Einrichtungen verstellt bzw. in ihrer Länge willkürlich gekürzt werden.[21] Ein solcher Fall liegt bei der die Hohemarkstraße überquerenden Fußgängerbrücke vor. Seitlich versetzt, ohne einen erkennbaren Übergang, teilt sie die Allee in zwei Hälften. Unter völliger Vernachlässigung der historischen Achse ist hier eine Stahlbetonkonstruktion entstanden.

Zu diesen langfristig irreparablen Schäden zählt auch der Bau der Hochhäuser neben dem Gotischen Haus. Höhe und zusätzliche farbliche Herausstellung der Gebäude lassen sie als „Point de vue" der Allee erscheinen. Das Gotische Haus wird in den Hintergrund gerückt. Auch nehmen sie ihm viel von seinem ursprünglich reizvoll romantischen Flair, das es als alleinstehendes Jagdschloß vor den waldigen Hügeln des Taunus hatte. Die vom Schloßgarten zum Großen Tannenwald führende heutige Tannenwaldallee war ursprünglich ein einfacher Feldweg, der in sanften Schwüngen durch Wiesen und Gärten in Richtung Taunus verlief. 1770 wurde sie von Friedrich V. Ludwig in NW-Richtung angelegt. Sie steigt bis zu ihrem Ausgang ganz unmerklich an. Zeitgleich erfolgten die Anlagen des Großen und des Kleinen Tannenwalds.

Schon 50 Jahre später (1820) ließ Friedrich VI. Joseph mehrere morsche Pappeln fällen, da immer wieder Bäume im Sturm auf die Straße stürzten. „Wie gräme ich mich wie die Mama über die alte liebe, schöne Pappelallee – wenn es nur nicht für immer mit ihr verdorben ist ... mache ja mit deiner Autorität, daß Bruder Fritz uns die schönen Bäume nicht verdirbt. Hier lernt man ihren Wert so achten", schrieb am 13.8.1820 Prinzessin Marianne aus Berlin an ihren Bruder Ludwig in Luxemburg.[22] An Stelle der alten brüchigen Pappeln ließ Friedrich VI. Joseph junge Bäume setzen. Die alten gesunden Pflanzen blieben erhalten und wurden bis zu 100 Jahre alt. Gemäß der Verordnung vom 16.1.1820 wurde die bisher unbefestigte Pappelallee vermessen, gerade angelegt und planiert. „Im Jahr Christi 1820/21 ist die Allee ausgegraben, die steinerne Brücke und die Chaussee nach dem Großen Tannenwald gemacht worden".[23] Dazu hatte man viele Äcker aufgegeben und Obstbäume gefällt. Weil die Bauern entlang der Allee um einen vermeintlichen Wasserentzug ihrer Felder durch die Pappeln fürchteten, haben sie heimlich mehrmals hintereinander 70 Pappeln abgeholzt.[24] Um dies zu verhindern, wurde das Alleehaus als Wohnung eines Aufsehers über die Tannenwaldallee gebaut.

*21. Zit. bei F. Lotz, 1972*

*22. J. G. Hamel, Bd. II, S. 68*

*23. H. Jacobi, Taunusbote Nr. 180-196, Aug. 1937*

*24. W. Schwenecke, 1985*

Abb. 10:
Altes Alleehaus,
Bleistiftzeichnung 1862,
Original im Stadtarchiv
Bad Homburg v. d. Höhe

## Das Alleehaus

„Kommt, laßt uns heute einen Gang zum Tannenwalde machen! Die Zeit nach Tisch wird oftmals lang, drum richtet Eure Sachen, zu Fuß die Gegend zu besehn. Wir wollen der Allee zugehn, der Weg wird Euch gefallen!“

Dieses Gedicht eines Unbekannten entstand im Jahr 1846. Seiner Aufforderung folgten in der warmen Jahreszeit zahlreiche Homburger Familien, denn hier konnten sie nicht nur auf bequemen Wegen die Natur genießen, auf dem Alleehaus war immer etwas geboten. Das hatte bereits 1838 begonnen, als Homburg bestrebt war, ein Kurort zu werden und dem verehrten Publikum Abwechslung zu bieten. So lud der Wirt Henrich am 12. August 1838 zum „ersten Baumklettern bei gutbesetzter Tanzmusik“ ein, wobei folgende Preise zu gewinnen waren:
eine silberne Uhr, eine mit Silber beschlagene Pfeife, eine Pfeife aus Porzellan und ein Schal. Ganz anders ging es einen Monat danach zu, als am Sonntagnachmittag „nach geendigtem Gottesdienst“ das Gästevergnügen im Sackhopsen bestand, zu dem natürlich wieder diverse Preise lockten.

Eine besondere Attraktion zog 1842 zahlreiche Zuschauer hinaus in die Tannenwaldallee. Der Schnelläufer Samuel Collin aus Offenbach zeigte sein sportliches Können, indem er dreimal den Weg vom Schloßtor bis zum Gotischen Haus und wieder retour zurücklegte und dafür 70 Minuten brauchte. Wer vom Zuschauen erschöpft war, konnte sich beim Wirt des Alleehauses mit Apfelwein oder einem 1840er Wein „die Flasche zu sage und schreibe 16 Kreuzer“ erfrischen.

Aber auch ohne solch sensationelle Unterhaltung erfreute sich das Alleehaus allgemeiner Beliebtheit, denn hier lockte das Tanzvergnügen. Wie ein englischer Gast 1844 vermerkte, drehten sich sonntags

Abb. 11:
Apostellinde um 1900
Sammlung Ochs,
Stadtarchiv
Bad Homburg v. d. Höhe

*Landmädchen „mit ihren rauchenden Burschen“ zur Musik, während der Montag der Schützengesellschaft für ihre Schießübungen reserviert war (Abb. 10).*

## Die Kaisertage von 1883

*Offiziell war es das Kaisermanöver, das vom 20. bis 26. September 1883 in Homburg und der weiteren Umgebung abgehalten wurde, doch die Zusammenkunft „hoher und höchster Herrschaften“ stellte sich als regelrechtes Fürstentreffen heraus, so daß die nicht nur von der Presse verbreitete Bezeichnung Kaisertage treffend scheint.*

*Am Sonntag, dem 23. September, stand die Tannenwaldallee nebst dem Alleehaus im Mittelpunkt. Für diesen manöverfreien Tag hatten die Offiziere auf den neben der Allee in Richtung Dornholzhausen liegenden Wiesen unter Einbeziehung des ehemaligen Ferdinandsgartens ihr Jagdrennen angesetzt. Die zu Tausenden dorthin strömenden Zuschauer konnten den alten Kaiser Wilhelm I., das Kronprinzenpaar, europäische Könige und Fürsten sowie Generalfeldmarschall Moltke aus der Nähe bestaunen. Vom Schloßtor bis zur Tribüne bei der Einmündung der heutigen Kreuzallee standen 1874 Männer aus 60 Vereinen und 65 Orten der Umgebung Spalier. Da es an diesem Tage regnete, schützte ein in der Mitte der nicht überdachten Tribüne aufgestellter Glaspavillon die Ehrengäste. Teppiche und Polstersessel sorgten außerdem für ihre Bequemlichkeit. Nach dem Rennen strömten die Zuschauer in die Stadt zurück, wo bald alle Restaurants und Wirtschaften überfüllt waren.*

## Die Apostellinde

*Eine freundlich-heitere Idylle konnte man früher am Alleehaus beobachten. Die nach dem Dreizigjährigen Krieg hier gepflanzte Apostellinde, aus deren Stamm 12 Hauptäste nach oben gewachsen waren und ihr nach den 12 Aposteln den Namen gaben, war zu einem mächtigen Baum geworden. Ein zwischen den Ästen angebrachtes Pod ium trug die Musikkapelle, die dort oben den Gästen zum Tanz aufspielte (Abb.11, 11a). Leider überlebte diese Winterlinde, die zu den Naturdenkmalen Bad Homburgs gehörte, ein Unwetter im Jahr 1993 nicht. Obwohl sie zu der stattlichen Höhe von 20 Metern gewachsen war und der Umfang ihres Stammes 6,60 Meter betrug, hielt sie dem Sturm nicht stand. Sofort in das Erdreich gesetzte Triebe des entwurzelten Riesen schlugen aus und eifern nun in ihrem Wuchs der ursprünglichen Apostellinde nach.*

Neu! „Zum Lindenhof“ Neu!
(ehemals Alleehaus.)
**Sonntag, den 12. Juni** feiert der Laudsmannschaftliche Verein **„Bavaria“** sein
**5. Stiftungsfest**
in den Räumen des „Lindenhofes“ bei **Konzert, Tanz und Kinderbelustigungen.** 2737
**Nachmittags 3½ Uhr:**
**Auftreten von 21 oberschlesischen Damen in Nationaltracht**
welche auf der blühenden Linde mehrere Gesangsvorträge halten.
**Für gute Speisen und Getränke ist Sorge getragen.**
Hierzu ladet ergebenst ein
**Jakob Schmidt,** Besitzer.

Abb.11a:
Anzeige von 1904
zur Apostellinde,
Stadtarchiv
Bad Homburg v. d. Höhe

## Die Lustgärten

Friedrich V. Ludwig übereignete jedem seiner Söhne, bis auf den 1813 bei Groß-Görschen gefallenen Leopold, eine Freifläche entlang der Tannenwaldallee zur gärtnerischen Nutzung nach eigenem Gutdünken. Daher spricht der Volksmund hier auch von den „Prinzengärten". Rechter Hand liegt der „Englische Garten". Der „Ferdinandsgarten" und der „Philippsgarten" schließen sich Richtung Taunus auf der gleichen Straßenseite an. Links der Allee erstrecken sich der „Louisgarten", der „Gustavsgarten" und der „Kleine Tannenwald". Das „Gotische Haus" und der dahinter liegende „Große Tannenwald" bilden den Endpunkt der Gärten. Es gibt einen Hinweis bei H. Jacobi,[25] nach dem alle Prinzengärten von hohen Buchenhecken eingezäunt waren. Dort nennt er die Tannenwaldallee auch eine hochherrschaftliche Allee. Den Beinamen „Landgräfliche Familienallee" hat sie erst in neuerer Zeit erhalten.[26]

# Der Englische Garten

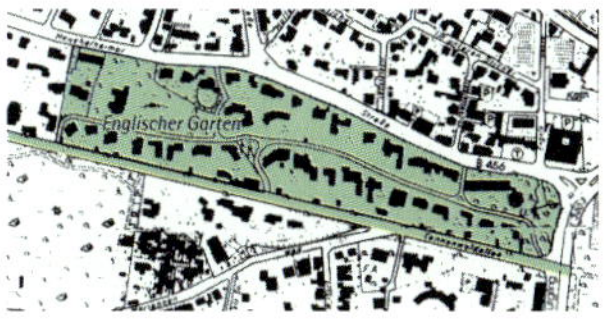

Abb. 12:
*Lageplan des Englischen Gartens im 19. Jh., Original im Museum Gotisches Haus in Bad Homburg v. d. Höhe*

Der sich an den Schloßpark anschließende Englische Garten wurde von Landgräfin Elizabeth für ihren Mann, Landgraf Friedrich VI. Joseph, der die Parzelle als Geschenk seines Vaters erhielt, angelegt. Der Planungsbeginn kann mit 1819 angenommen werden. Die Realisierung erfolgte ab 1822. Die sehr garten- und landschaftsverbundene Landgräfin fertigte selbst den Entwurf zum Englischen Garten an (Abb. 12). Unverkennbar findet sich hier der Stil des englischen Landschaftsgartens wieder mit Grünflächen, Baumgruppen und geschwungenen Wegen (Abb. 12). Viel gepriesen in der Literatur wird die sogenannte „Dunkle Allee" und ein „schmuckes" Treibhaus mit vielen Pflanzen und „blühenden Gewächsen fremder Zonen".[27]

Reiche, mit Rosen bestückte Blumenbeete und schattige Laubengänge luden zum Spaziergang ein, obwohl der Park nicht immer dem Publikum geöffnet und daher nur wenig besucht war.[28] Im Katasteramt Homburg finden sich in den Flurbüchern noch folgende Bauten vermerkt, die den Englischen Garten zur Zeit der Landgräfin Elizabeth bestückt haben sollen: „3 Gewächshäuser, 1 Remisenbau, 3 Gartenhäuser, 1 Portierhaus, 1 Kegelbahn, 1 Geschirrhäuschen". Auf dem abgebildeten Lageplan (Abb. 12) ist das nicht zu erkennen. Jedoch bestätigen Fotos aus der letzten Hälfte des 19. Jahrhunderts diese Beschreibungen und zeigen auch die Verwendung exotischer Pflanzen wie Ananas, Bananen. Kunstvolle Brücken führten über den die Anlage quer durchlaufenden kleinen Bach, und in einem großen Baum wird ein Baumhaus sichtbar.

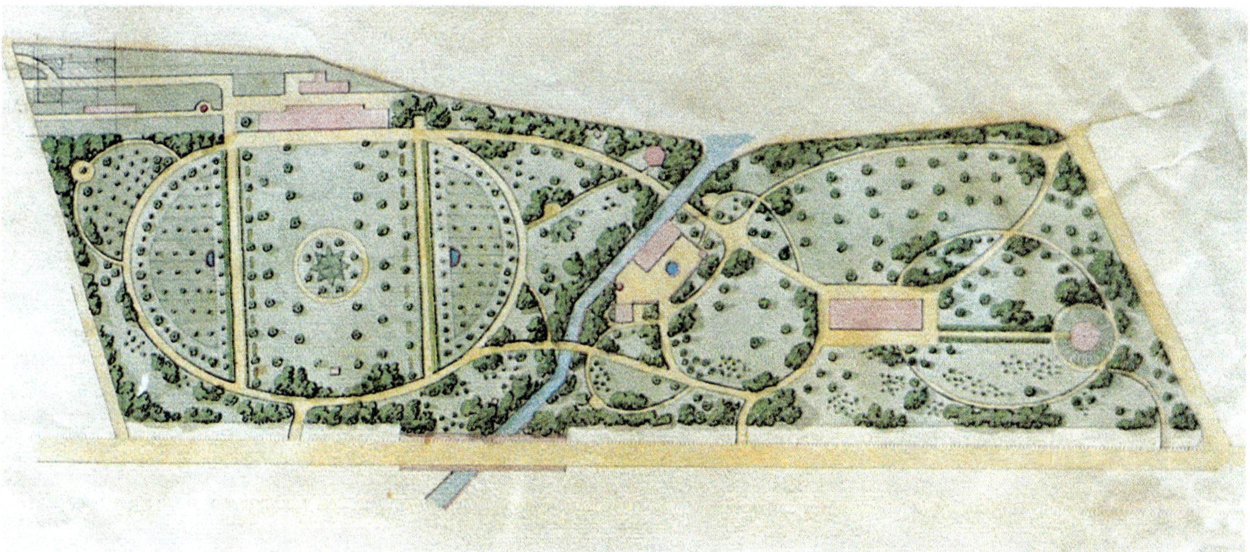

Bereits 1882 wurde das Gelände an das Ehepaar Brüning aus Frankfurt weiterverkauft, das das Anwesen bis zur Brüningstraße hin vergrößerte.

In allen Verträgen blieb die Verpflichtung bestehen, den schräg durch den Garten verlaufenden Hohlweg, „Das Schlockerfaß", offen zu halten, da seit 1847 das Befahren der Allee mit schweren Fuhrwerken verboten

*25. H. Jacobi (1937), „Homburg unter der englischen Landgräfin und sein Aufstieg zur Stadt"*

*26. H. J. Witzel, 1985*

*27. L. Schick, 1855*

*28. G. Schudt, 1861*

Abb. 13:
*Herrengarten (Gustavsgarten) in Bad Homburg um 1830 von Caroline Louise von Schwarzburg-Rudolstadt, Thüringer Landesmuseum Heidecksburg Rudolstadt*

Abb. 14:
Carolinenbrücke mit Schlockerfaß,
Foto J. Storch

war. Erst nachdem parallel zur Allee bis zur Oberförsterei ein Weg geschaffen war, wurde dieser Erlaß aufgehoben. Dieser einen Bach begleitende Hohlweg wurde von mehreren Brücken, so auch von der Tannenwaldallee – hier als „Weiße Brücke" (1820 in „Carolinenbrücke" umbenannt) – überquert. Dies galt in früheren Zeiten als Homburger Zeichen – „eine Stelle an der zwei Wagen übereinander fahren konnten".[29]

## Die Carolinenbrücke

*Im Tagebuch des Herrn von Silber vom 16. Juni 1820 heißt es unter der Überschrift „Große Allee":*

*„Diese Prachtausführung erfordert auch über die durch die Allee quer fließende alte Bach eine neue Brücke. Hiernach wurde am 16. Juni 1820 der Anfang gemacht, um eine massive Brücke in solidem Styl zu erbauen, welche gegen Ende September d. J. beendigt wurde. Aus tiefer Verehrung für Weiland die Frau Landgräfin Mutter haben der Souv. Landgraf dieser Brücke den Namen die Carolinen Brücke beigelegt und diese Verfügung noch zwei Tage vor dem Ableben der Hochseligen mündlich eröffnet, welches die Durchlauchtigste Frau Mutter mit Wohlgefallen angenommen haben".*

Mit der Verlegung des Bachlaufs unter die Erde wurde 1960 das Gelände aufgefüllt. Man erkennt kaum noch die Ansätze des rundgemauerten Brückenbogens (Abb. 14).

1910 kaufte Helmuth von Brüning seinen Miterben den Garten ab und benannte ihn nach seiner Frau „Olgagarten". Laut Grundbuchakte des Amtsgerichts Bad Homburg ging dieser 1919 in den Besitz des Prinzen Adalbert von Preußen, ein Sohn Kaiser Wilhelms II., über. Nach dessen Frau Adelheid erhielt der Park jetzt den Namen „Adelheidswerthpark", den er bis zum heutigen Tag behalten hat.[30]

Nach dem Tod des Prinzen 1948 lag das Vorkaufsrecht bei der Stadt Bad Homburg, von dem sie aber keinen Gebrauch machte. Bei dem Verzicht auf das Vorkaufsrecht konnte sie Bedingungen hinsichtlich des Garten- und Baumschutzes stellen, so daß bei einer baulichen Erschließung des Parks der Baumbestand im wesentlichen erhalten blieb. So wurde laut Magistratsbeschluß von

29. J. G. Hamel, 1859

30. Nachlaß Erich Henschel im Archiv R. Michel und F. Lübbecke, 1963

*Abb. 15: Landgrafendenkmal im Englischen Garten um 1930, Stadtarchiv Bad Homburg v. d. Höhe*

1958 der Park unter der Voraussetzung, daß die Landschaft, die durch heimische und fremde Holzarten (Exoten) im Laufe von 100 Jahren entstanden ist, erhalten bleibt, zur Bebauung freigegeben.

Bezüglich der Baulichkeiten stellt den Mittelpunkt des Gartens die als Baudenkmal ausgewiesene Villa „Heuchelheimerstr. 37“ dar. Nach Ankauf des Gartens 1919 durch Prinz Adalbert von Preußen wurde 1920 die großvolumige Villa in der Art des zurückhaltenden barockisierenden Jugendstils errichtet.

Diese Baulichkeit setzt sich heute wohltuend ab von der sonstigen Bebauung eingeschossiger Einfamilienhäuser mit Flachdach im Baustil der 50er/60er Jahre des letzten Jahrhunderts.

## Das Landgrafendenkmal

*Nach dem Tode Landgräfin Elizabeths blieb der Englische Garten Teil der gärtnerischen Anziehungspunkte für die immer zahlreicher nach Homburg strömenden Kurgäste. Die Erbin Fürstin Caroline von Reuß Ältere Linie verkaufte nach dem Aussterben des Landgrafenhauses am 5. August 1866 für 18.000 Gulden den Garten an Marie Blanc geb. Hensel, die Frau des Spielbankpächters. Auf Wunsch der Bürgerschaft ließ sie hier ein Denkmal zu Ehren der Homburger Landgrafen aufstellen, das der Baumeister und spätere Wiedererbauer der Saalburg, Louis Jacobi, entworfen hatte. Das Denkmal zeigt einen kronenlosen Eichbaum mit 6 Aststümpfen, ist in roten Mainsandstein gehauen und ruht auf großen, weißen Blöcken aus Taunus-Quarzit. In den Stamm sind sämtliche Namen der Landgrafen von Homburg von 1622 bis 1866 eingeritzt. Die fehlende Krone und die Aststümpfe sollen andeuten, daß das Homburger Landgrafengeschlecht ausgestorben ist. Bewacht wird das Denkmal von 4 roten Sandsteinlöwen (Abb. 15).*

*Dieser kronenlose, 2,50 Meter hohe Eichbaum aus rotem Mainsandstein, stand seit September 1871 innerhalb des Gartens an der Tannenwaldallee, ungefähr 100 Meter vom Beginn dieser Allee entfernt. Erst bei der Parzellierung mit anschließender Bebauung im Jahr 1958 mußte er in die Mitte zwischen Tannenwaldallee und Heuchelheimer Straße umgesetzt werden, blieb aber der Öffentlichkeit zugängig. Die Restaurierung und Annäherung an den Originalzustand dieses Denkmals kam durch die Untere Denkmalbehörde der Stadt Bad Homburg im Jahr 2001 zustande.*

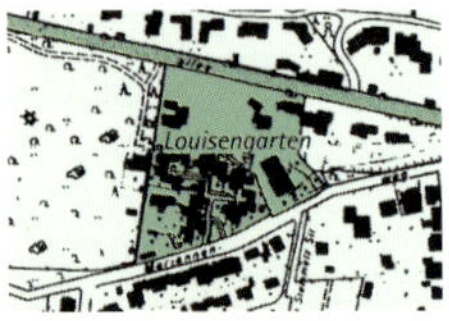

Von dem Garten Landgraf Ludwigs ist keine Gestaltung überliefert. Schon 1840 wurde das Gelände verkauft und ein zweistöckiges Wohnhaus mit Veranda darauf erbaut. In früheren Reisebeschreibungen und Unterlagen des örtlichen Katasteramtes ist ab 1853 ein Badehaus verzeichnet, welches mit hoher Wahrscheinlichkeit zu der damals eingerichteten „Kaltwasserheilanstalt" des Dr. Hofmann gehörte.

Nach der früher im Englischen Garten entsprungenen Quelle, dem „Pfingstbörnchen", erhielt die Kaltwasserheilanstalt ihren heutigen Namen „Pfingstbrunnen". Viele Orte im Taunus hatten früher ihre „Pfingstbörnchen", die man traditionell an Pfingsten aufsuchte. Die hier erwähnte Quelle war allerdings 1862 schon versiegt. Die Kaltwasserheilanstalt wurde mit einer Gebirgsquelle betrieben, die sehr reines und klares Wasser führte. „Das Wasser ist so rein und wird unterirdisch von den Taunusbergen gebracht, wo sich sehr schöne Quellen befinden".[31] Die Quelle ergießt sich „unmittelbar aus dem Schoße der Erde in die Badezimmer, wobei der Strahl der Douche aus einer Höhe von 20 Fuß herabfällt, während die Sitzbäder durch eine beständige Durchströmung der Quelle gespeist werden".[32] Von der herrlichen Lage dieser Kaltwasserheilanstalt in einem parkähnlichen Garten berichtet ein Reiseführer, ohne den Garten näher zu beschreiben.

Heute steht eine Villa auf dem Gelände der einstigen Kaltwasserheilanstalt. Das weitere Gelände wurde in den 90er Jahren bebaut und weist mit seinem Namen „In den Prinzengärten" noch auf die historische Anlage hin.

*Abb. 17: Der neue Pompeji-Brunnen, 2001 Stadtarchiv Bad Homburg v. d. Höhe*

## Zweimal Pompeji-Brunnen

*Wenn auch nichts über das Aussehen des Louisgartens überliefert ist, so wissen wir doch, daß der Besitzer, Landgraf Ludwig, sich um die Verschönerung seines Eigentums bemühte. Einige Jahre nach der Übernahme der Landgrafschaft beschloß er 1836, zur Erinnerung an seine Italienreise von 1822/23, bei der er auch Pompeji aufgesucht hatte, in seinem Garten einen Brunnen aufstellen zu lassen. Seinem Skizzenbuch dieser ausgedehnten Reise entnahm er die Ansicht eines Brunnens, der damals noch in der Hauptstraße der untergegangenen Stadt stand, und beauftragte einen uns unbekannten Steinmetzen mit der Nachbildung. Dieser „Pompeji-Brunnen" zierte seinen Garten und blieb auch einige Jahre nach seinem Tode unter dem neuen Besitzer dort (Abb. 16). 1847 störte er hier wohl und fand einen Platz in der Innenstadt an der Ecke Louisen- und Kisseleffstraße. Als an dieser Stelle 1865 das „Hotel Augusta" entstand (heute Teil der Louisen-Arkaden), mußte der Brunnen weichen und wurde auf den Platz Löwengasse/Ecke Dorotheenstraße versetzt, wo er 1903 abermals im Wege war. Hier baute*

*31. „Alt Homburg" Nr. 8/1984*

*32. G. Schudt, 1862*

Abb. 16:
Der alte
Pompeji-Brunnen,
um 1940,
Stadtarchiv
Bad Homburg v. d. Höhe

*nämlich die evangelische Kirchengemeinde ihre Erlöserkirche und schenkte den Brunnen Kaiser Wilhelm II. Auf dem unteren Schloßhof an der Mauer des Hirschgangflügels stand er nun und gab am 2. April 1904, dem Tag vor Ostern, zum ersten Mal Wasser. Bis zum Jahr 1968 war dort sein Platz, den er aber wegen Instandsetzungsarbeiten dieses Schloßflügels aufgeben mußte. Wahrscheinlich hatte das 130 Jahre alte steinerne Kunstwerk durch die zahlreichen Umsetzungen stark gelitten, so daß die Verwaltung der Staatlichen Schlösser und Gärten keinen Wert auf seine weitere Erhaltung legte.*

*Im Zuge der Restaurierungsarbeiten der Schloßkirche erinnerte man sich 1989 wieder an das leise Geplätscher des Pompeji-Brunnens und gab dem Frankfurter Künstler Friedhelm Welge den Auftrag zur Neuschaffung nach einem im Stadtarchiv aufbewahrten Foto. Am 2. April 1992 konnte der nachempfundene Brunnen eingeweiht werden (Abb. 17).*

# Der Gustavsgarten

Die gartenkünstlerische Qualität dieser Anlage ist sicherlich auf den Einfluß der Ehefrau des Landgrafen Gustav, Prinzessin Louise Friederike von Anhalt-Dessau, zurückzuführen. Schon 1822 wurde Landgraf Gustav das Gelände von seinem Bruder Friedrich VI. Joseph übereignet. 1775 hatte sein Vater, Friedrich V. Ludwig, das Gelände erworben, um über die Akazienallee, heutige Kreuzallee, das gartenkünstlerische Kleinod des Kleinen Tannenwaldes an die Tannenwaldallee anzubinden.

Noch heute ist die zu einer neurologischen Klinik gehörige Parkanlage sehr gepflegt und weist doch in Wegen, Bepflanzung und Baulichkeiten noch wesentliche Elemente der vermutlich ursprünglichen Gestaltung auf. In der Literatur zur Entstehungszeit des Gartens wird berichtet von einer von Trauerweiden beschatteten, sehr romantischen Parkanlage, die Landgraf Gustav mit seiner Frau Louise oft besuchte. Rasenflächen wechselten sich mit von schönen, alten Bäumen bestandenen Partien ab. Eine 1820 hier gepflanzte Libanon-Zeder, die zu denen im „Lustgarten“ des Schlosses gehörte, wurde zwischenzeitlich vom Blitz zerstört.

Von mehreren Weidenbäumen sagt die Überlieferung aus, daß sie aus Setzlingen stammen, die ein Landgraf vom Grab Napoleons mitgebracht habe.[33] Weitere Ausstattungselemente dieses damals nur in Gegenwart eines Aufsehers für Besucher geöffneten Parks waren ein kleines Lusthaus und der 1830 errichtete Dorische Tempel, der später durch Anbau noch erweitert wurde (Abb. 18). Ein weiterer kleiner Tempel lag im vorderen Gartenteil.

Der am Park entlang verlaufende Weg zum Kleinen Tannenwald wurde mit Akazien bepflanzt (1775). Daher nannte der Landgraf seinen Garten das „Accatium“. Dieser Begriff fand bis vor wenigen Jahren noch Verwendung in allen Katasterplänen.[34]

Nach dem Tod des letzten Landgrafen fiel das Anwesen, wie die anderen Gärten auch, an die Fürstin Caroline zu Reuß, die es 1898 an einen Bankier verkaufte. Bankier Wertheimber ließ von 1899 bis 1900 eine Villa in dem Park errichten. Das im Stil eines besseren italienischen Landhauses von dem Frankfurter Architekten Franz v. Hoven entworfene

*Abb. 18: Dorischer Tempel im Gustavsgarten, nach 1900, Stadtarchiv Bad Homburg v. d. Höhe*

Gebäude trägt einfachen Empirecharakter (Abb. 19). In der „Deutschen Bauzeitung“ vom 9.1.1904 wurde der Zustand der mittlerweile 100 Jahre alten Bäume und der Parkanlage als „sehr gut“ bezeichnet. Bankier Wertheimber fuhr von hier aus zwei- oder vierspännig zu seinem Bankhaus in Frankfurt. Auch wird berichtet, daß der deutsche Kaiser mehrfach hier zu Besuch war.

Als 1948 in der ehemaligen Villa das Hirnverletztenheim eingerichtet wurde, wirkte der Park „verträumt“, aber auch verwahrlost. Die neuen Besitzer ließen ihn wieder herrichten; das Gelände fiel kurze Zeit später jedoch im Zuge der „Wiedergutmachung“ an

33. H. Jacobi, 1937

34. J. Schäfer, 1864

Abb. 20:
Tempel des Schloßparks
Georgium bei Dessau,
2000
Foto von E. Dettmar,
Anhaltische
Gemäldegalerie Dessau

Abb. 19:
Villa Wertheimber
im Gustavsgarten,
nach 1900,
Sammlung B. Ochs,
Stadtarchiv
Bad Homburg v. d. Höhe

die Erben Wertheimbers, die sich mit dem VDK auf eine Überlassung in Erbpacht auf 99 Jahre einigen konnten. In den 70er und 80er Jahren wurde der Gebäudekomplex um etliche Häuser erweitert und in „Neurologische Klinik“ umbenannt.

Der Park befindet sich auch heute noch in einem sehr gepflegten Zustand und weist eine beträchtliche Pflanzenvielfalt auf. Der nördliche Teil der Anlage ist im Stil des Englischen Landschaftsgartens gehalten, mit Baumgruppen und geschwungenen Wegen angelegt, während sich im östlichen, mehr geometrisch gehaltenen Teil Minigolfplatz, Spielplatz und Liegewiese anschließen.

## Stimmungsbilder aus dem Gustavsgarten

*Außer Landgräfin Elizabeth nutzte nur das Ehepaar Gustav und Louise von Hessen-Homburg den ihnen geschenkten Garten. Die beiden lebten zurückgezogen vom Hofe und der übrigen Familie, woran wohl die starke Schwerhörigkeit Louises die Schuld trug. Sie und ihr Mann widmeten sich den drei Kindern und verbrachten viel Zeit im Gustavsgarten. Hier schnitten sie nach Art von Liebesleuten ihre Namen in Bäume ein, was von Chronisten als Zeichen besonderer gegenseitiger Zuneigung wohlwollend vermerkt wurde. Fremden Besuchern stand der Garten nach Anmeldung beim Gärtner offen, sofern die Eigentümer nicht anwesend waren.*

*Im Jahr 1830 begannen die Arbeiten an einem Gartenhaus im Stil eines dorischen Tempels mit vier Säulen. Die Idee dazu stammte sicher von Louise, deren Interesse an der Gartenkunst durch ihr Geburtsland*

*Anhalt-Dessau geweckt war. Getreues Vorbild des Dorischen Tempels im Gustavsgarten ist das im Jahr 1783 als Blumengartenhaus errichtete kleine Gebäude des Schloßparks Georgium bei Dessau, das, zusammen mit Schloß und Park, 1815 an Louises Mutter übergegangen war (Abb. 20).*

*Das Wissen um die enge Bindung ihrer Eltern an ihren Garten veranlaßte die einzige überlebende Tochter, Fürstin Caroline von Reuß Ältere Linie, sich nicht von ihm zu trennen, obwohl er nur Kosten verursachte. Auch nach ihrem Tod (1872) hielten ihre Erben an diesem geliebten Familienbesitz fest, dem letzten Bindeglied an Homburg. Fremde Besucher wurden jetzt allerdings nicht mehr zugelassen. Im April 1885 informierte der Fürstliche Hofmarschall in Greiz den Homburger Polizeidirektor und Landrat Schaffner als den hiesigen Verwalter ihres Eigentums vom Wunsche Prinz Hugos von Schönburg-Waldenburg, während eines mehrwöchigen Kuraufenthaltes im Gartenhaus zu wohnen. Dem Antwortschreiben kann entnommen werden, daß dieses aus drei Räumen bestand: einem großen Salon, einem Zimmer und einer Küche; an Mobiliar waren nur Tische und lederbezogene Sessel vorhanden. Über die Bepflanzung der direkten Nachbarschaft heißt es: „Da das Haus nach drei Seiten von Bäumen umgeben ist, so mag es während der Nacht wohl etwas kühl sein, indessen ist es zu einem ständigen Aufenthalt im Sommer keineswegs ungeeignet". Leider ist nicht überliefert, ob Prinz Hugo wirklich an diesem einsamen Orte wohnte oder ob er nicht eines der bequemen Hotels in der Stadt vorzog.*

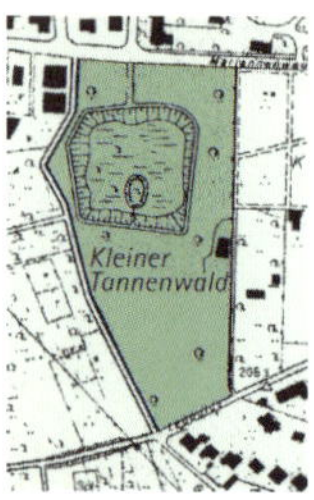


Die zeitgenössische Literatur schildert den Kleinen Tannenwald als ein gartenkünstlerisches Kleinod. Seine Gestaltung ist gut dokumentiert, ausserdem wurde er von prominenten Besuchern geschidert. Einer der bekanntesten Besucher war J. W. Goethe, der mit Merck und dem landgräflichen Paar eine Kutschfahrt zum Kleinen Tannenwald unternahm. Das folgende Zitat gibt die Begeisterung der Reisenden wieder:

„On nous a fait mener dans un carosse de la cour dans le bois que Mgr. a fait arranger, oú nous avons trouvons trouvé un pays de fée. Il n'y a pas de moyen de s'imaginer a quel degré de beauté pittoresque tout se trouve calculé".[35] „Man hat uns mit einer Kutsche in den Wald gefahren, den der Landgraf angelegt hat. Man kann sich gar nicht vorstellen, in welchem Grad von überwältigender und eigentümlicher Schönheit alles genauestens durchdacht ist".

Bisher ist man in anderen Berichten zu dieser Fahrt stets von einem Besuch des Großen Tannenwalds ausgegangen. Die Autorinnen sind jedoch der Überzeugung, daß es sich aufgrund der pittoresk beschriebenen Gartenanlage eher um den Kleinen Tannenwald gehandelt haben muß. Außerdem war die Ausgestaltung des Kleinen Tannenwalds 1772 schon weiter fortgeschritten als die des Großen Tannenwalds, der erst 1773 eingeweiht wurde.[36] Auch die Erwähnung von etwas mehr als einer Stunde, die diese Kutschfahrt gedauert haben soll, spricht eher für den Besuch des Kleinen Tannenwalds. Bevor die Gartenanlage anhand vorhandener Abbildungen und Geometeraufnahmen[37] aus der Entstehungszeit geschildert wird, führen Stimmungsbilder und Anekdoten in das Leben dieses einstigen „Paradieses" ein, das ein Repräsentant der empfindsamen Zeitströmung ist.

## Stimmungsbilder aus dem Kleinen Tannenwald

*In zahlreichen Briefen an ihren Schwager Ludwig (Louis) und an die Freundin in England äußerte sich Landgräfin Elizabeth über ihr Kleinod, beschrieb die dort fortschreitenden Arbeiten und ihre Vorliebe für diesen Garten. Dabei erwähnte sie, wann die Rosen blühten, wie viele Fliederbüsche sie bestellte, ob die Singvögel sich niedergelassen hatten und wie sie ihr Cottage einrichtete. Von Zeit zu Zeit wurde sie von Besuchern überrascht, wie zum Beispiel vom Schwager Gustav und seiner Frau Louise. Am 8. November 1833 vermerkte sie: „Mein Haus im Garten wird hübsch und bequem. Manchmal kommen die Gustavs, und da es nicht täglich geschieht, ist es eine Art 'sugar plums' (Anmerkung: etwas ganz Besonderes). Er macht es sich bequem und redet; sie sitzt da und sagt dauernd: 'Ich bin im Wege, ich sehe, Du hast zu tun'. Aber das ist Unsinn".*

*Offizielle Besucher, die sie vom Aufenthalt in ihrem Garten abhielten, störten sie wirklich. 1834 berichtete die Landgräfin: „Heute vormittag besuchte mich der Sächsische Minister mit seiner Frau, aus Frankfurt kommend und beanspruchte mich eine und eine halbe Stunde lang, wo doch alle meine Gedanken in den Garten und den Wald gingen, wo ich sein wollte. Ich benahm mich trotzdem sehr gut, schluckte meine schlechte Laune hinunter und war so höflich wie möglich. In dem Augenblick wo ich draußen war, war ich wie im Himmel. Der Kleine Tannenwald stand da in seiner Schönheit und wird im Frühjahr perfekt sein. Nachdem ich alle Arbeiten des Schneidens und Ausdünnens gesehen hatte, flog ich zum Großen Tannenwald um die dortigen Pflanzarbeiten zu sehen, die sehr verbessert sind. Von hier aus fuhr ich am Waldesrand entlang, dann von Dornholzhausen aus vorbei an Philipps Garten zum Englischen Garten".*

*35. Zit. in H. Jacobi, 1930*

*36. ebd.*

*37. Vermessungstechnische Aufnahme eines Geländes*

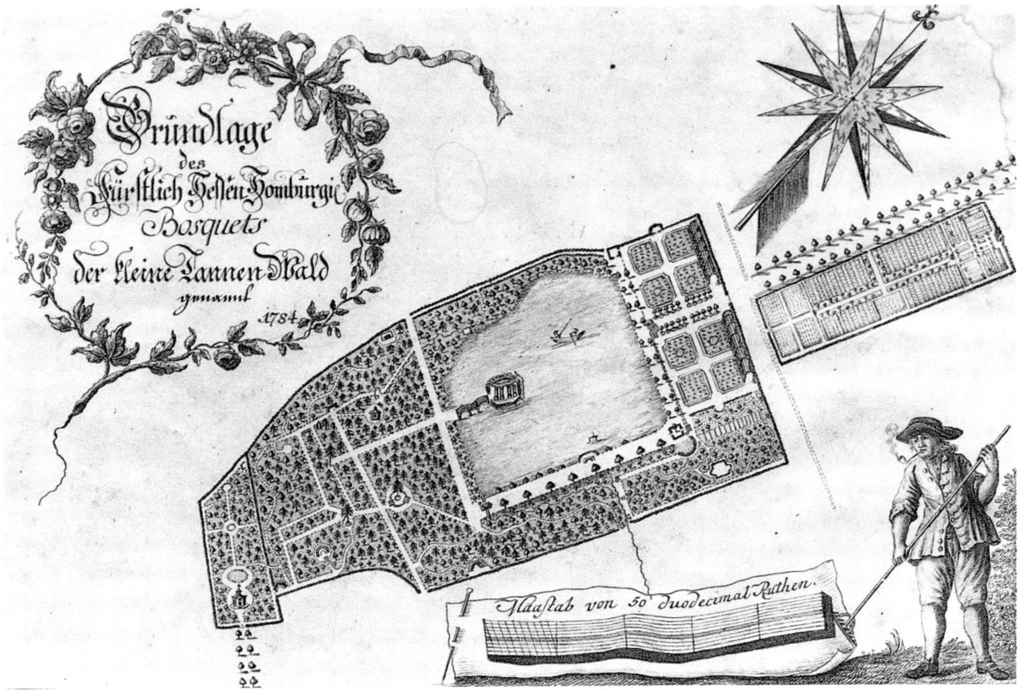


Abb. 22:
Kupferstich von Gunkel / Cöntgen „Grundlage des Fürstlich Hessen-Homburgischen Bosquets der Kleine Tannenwald genannt", von 1784, Stadtarchiv Bad Homburg v. d. Höhe

## Die Einweihungsfeier

*Mit der auch heute noch populären Feststellung „Essen und Trinken hält Leib und Seele zusammen" begann der Haushofmeister Ihrer Königlichen Hoheit der Landgräfin Elizabeth seine Aufstellung über die Ausgaben zur Einweihung des Kleinen Tannenwalds am 2. September 1821. An diesem Tage konnte das Wasser in den gereinigten Teich eingelassen werden, was mit einer fröhlichen Gesellschaft gefeiert wurde. Eß- und trinklustige Herren waren die Gäste. Haushofmeister Wiesenbach hatte im Auftrag des Landgrafenpaares „die Fressalien besorgt", wie er sich ausdrückte, und dafür 5 Gulden 50 Kreuzer ausgegeben. Bei „6 Pfund dürrem Schinken, 10 Pfund Hammelbraten und 4 Laib Schwarzbrodt" beging man dieses frohe Ereignis. Leider ist nicht vermerkt, wieviel Wein dabei getrunken wurde, denn der fehlte bestimmt nicht!*

## Die Badmaschine

*Bisher war man der Meinung, der Teich im Kleinen Tannenwald sei aus rein gartengestalterischen Erwägungen angelegt und habe daher nur ästhetischem Empfinden gedient. Neuere Forschungen ergaben ein differenzierteres Bild. Wir dürfen annehmen, daß dieser Teich die ganz private Badeanstalt der Landgräfin Elizabeth war, denn bereits 1823 gab sie die Anweisung zum Streichen einer „Badmaschine" mit weißer Farbe und zur Verschönerung einer Badehütte mittels Ölfarbe. Elizabeth war von Kindheit an gewohnt, im Meer zu baden und sich dabei einer in England bereits 1754 erfundenen Badmaschine zu bedienen. Anfangs blieb ihr in Homburg ein ähnliches Vergnügen versagt, doch der Besitz des Kleinen Tannenwaldes mit dem Teich schuf hier Abhilfe.*

*Diese Badmaschine muß man sich als bewegliches karrenartiges Gerät auf Rädern vorstellen, das man vom trockenen Ufer aus betrat und von dem aus man den hinteren zeltartigen, im Wasser befindlichen Teil aus Leinenstoff erreichte. An der hier angebrachten schwebenden Treppe hing ein Seil, das dem Nichtschwimmer beim Untertauchen ins gesunde Naß Sicherheit gab. Diese auch in Europa verbreitete Erfindung für Badende diente nicht nur der Bequemlichkeit beim Ins-Wasser-Tauchen, sie verbürgte auch die Einhaltung der Schicklichkeit, indem sie die aus dem Wasser kommenden Frauen im nassen, am Körper anliegenden Badekostüm neugierigen Blicken entzog.*

## Das Auf und Ab des Gartens

*Es scheint, als ob der Lieblingsgarten der Landgräfin nach ihrem Tode nicht mehr gepflegt wurde, denn im frühen Homburg-Führer von 1844 bedauert der Autor die „matt und vernachlässigt daliegenden Schönheiten" der Anlage. Trotzdem konnte er sagen: „Der außergewöhnliche Geschmack der Prinzessin als Floristin und Gärtnerin zeigt sich überall. Dieser Ort enthält einige geschmackvoll angelegte schöne Laubengänge und Gartenhäuschen, in denen Ihre Königliche Hoheit gewohnt war, einen beträchtlichen Teil ihrer Zeit zu verbringen".*

*Der immer stärker werdende Zustrom von Kurgästen sorgte in der Nach-Landgrafen-Zeit für die Erhaltung dieser anmutigen Kreation. Hierher kamen Kurfremde, wie man sie damals nannte, und genossen die idyllische Lage zu Spaziergängen oder Picknicks auf der Insel.*

*Einen heißen Herbsttag des Jahres 1867 beschrieb ein englischer Kurgast folgendermaßen: „Wir gingen durch den Schloßgarten zum Kleinen Tannenwald und frühstückten im Schatten eines großen Baumes in diesem hübschen Garten und wurden vom Gärtnerhaus aus bedient. Es gab sehr guten Kaffee, Brot, Butter und Eier. Gegen 10 Uhr kamen unsere Freunde, Captain Mayendie und seine Frau, mit ihren Kindern. Die Damen setzten sich mit einer Handarbeit in den Schatten, während der Captain und ich zwischen den schönen Büschen spazierten und den Kindern halfen, die Fische im Teich mit Brot zu füttern. Wir blieben an diesem hübschen kühlen Ort bis beinahe Mittag, dann begannen wir den Heimweg und besuchten auf dem Wege die Wasserbäder der 'Bade- und Kaltwasser-Heilanstalt'. Um 1 Uhr waren wir zu Hause".*

*Bereits um die Jahrhundertwende befand sich auf dem Gelände des Kleinen Tannenwalds ein Gasthof gleichen Namens, der aber bald wieder geschlossen wurde. 1932 ging der Garten im Tausch gegen Gelände des Schloßgartens am Meiereiberg in Privatbesitz über und entwickelte sich zum beliebten Ausflugsziel der Bad Homburger. Im Winter tummelten sich auf dem Teich Buben und Mädchen beim Schlittschuhlaufen.*

## Die Urnenvasen

*Kaum im Besitz des Kleinen Tannenwalds, bestellte Landgräfin Elizabeth zu seiner Ausgestaltung zwei Gedächtnisvasen zur Erinnerung an ihre verstorbenen Eltern und Schwiegereltern. Der Frankfurter Bildhauer Johann Valentin Tüchert lieferte sie für den Preis von 694 Gulden am 11. November 1823. Neben dem Honorar des Künstlers von 660 Gulden enthielt diese Summe den Transport nach Homburg und die zwei Tage dauernde Aufstellung. Eine Vase trägt die Initialen GR und CR für George Rex und Charlotte Regina mit Königskronen (für die Eltern), die andere FLL und CL für Friedrich Ludwig Landgraf und Caroline Landgräfin mit Landgrafenkrone (Abb. 21). Die beiden Urnenvasen befinden sich seit 1914 im oberen Schloßgarten in der Nähe des Staudengartens an der Mauer zur Dorotheenstraße. Von Valentin Tüchert (1761-1851) stammen auch die Adelheidsteine bei der Goldgrube und die Gedenkvase an Prinz Leopold. Andere für Homburg bestimmte Arbeiten sind leider verschollen. In Frankfurt schuf Tüchert Teile der Paulskirche und das Grabmal für den Bankier von Bethmann auf dem ehemaligen Peterskirchhof.*

Abb. 21:
*Landgräfin Elizabeth mit Urnenvase im Kleinen Tannenwald Öl auf Papier von J. F. Voigt um 1838, Museum Gotisches Haus in Bad Homburg v. d. Höhe*

## Der Kleine Tannenwald im Spiegel der Gartenkunst

Der östlich des Platzenbergs gelegene Garten wurde früher als „Platzenberger Wäldchen" mit „Platzenberger Teichelchen" bezeichnet. Er wurde wahrscheinlich im 17. Jahrhundert von Landgraf Friedrich II. als „Wildgarten" angelegt.

Die besondere Aufmerksamkeit des Landgrafs Friedrich V. Ludwig galt diesem Garten, den er ab 1772 für seine Frau Caroline neu anlegen ließ.[38] Er hat ein „Schmuckstück" unter den Gartenanlagen geschaffen, das in der zeitgenössischen Literatur vielfach gepriesen wurde. „Weder die Villa Borghese noch Pamphili Doria, noch Neapel können diesem Garten gleichgestellt werden, wo Natur und Kunst gewetteifert haben, das Vollkommene hervorzubringen, obwohl er keine marmornen Statuen noch vergoldete Heilige hat", schildern Reisebeschreibungen des 19. Jahrhunderts.[39]

Besonders in dieser Gartenanlage zeigt sich die dem Rokoko eigene Verknüpfung der geometrischen Elemente mit denen englischer Naturgestaltung, wie ein Kupferstich von 1784 bestens überliefert (Abb. 22).

Von der früheren Akazienallee, heutigen Kreuzallee, kommend, betritt man den Garten über eine sehr breite Allee, die rechts und links von in Kübeln aufgestellten Zitronenhochstämmen gesäumt wird. Die Darstellung der Gehölze im Verhältnis zu anderen auf dem Bild dargestellten Pflanzen legt die Vermutung nahe, daß es sich um in Kübel gepflanzte Hochstämme gehandelt haben mag. Die jeweils in 4 Vierecke gegliederten Parterre erstrecken sich rechts und links der Allee. Die einzelnen Compartiments sind gleichmäßig mit Rasen bedeckt, wovon sich die Plate-bandes de fleurs[40] als Mittelpunkt und äußere Umrandung deutlich abheben. Nördlich grenzen Laubengänge die Parterrezone gegen den Weg ab. Östlich erstreckt sich die

38. H. Jacobi, 1930

39. Schäfer, 1864 S. 54

40. Umgebende Bepflanzung mit farbigen Blumen in Form von Pflanzstreifen oder -bändern

Abb. 23:
*Insel im Kleinen Tannenwald von Th. Albert, um 1850, Museum Gotisches Haus in Bad Homburg v. d. Höhe*

Boskettzone, ein von Laub- und Nadelbäumen gebildetes Wäldchen, welches an dieser Stelle von 1,50 m schmalen Schlängelwegen durchzogen wird. Diese Pfade umgeben ein Bauwerk, welches möglicherweise eine Wasserkaskade auf einem künstlich angelegten Hügel darstellen könnte. In der Literatur hat sie keine Erwähnung gefunden, obwohl es sich um ein recht imposantes Bauwerk gehandelt hätte. Daher ist anzunehmen, daß dieser Gestaltungsvorschlag nicht realisiert wurde.

Die Parterrezone wird südlich von einer Mauer begrenzt. Auf einem Damm zwischen Parterre und Teich verläuft eine 8,50 m breite Kastanienallee, zu der man über eine von der Hauptallee ausgehenden Treppe gelangt. Zwischen dem im Osten gelegenen Boskett mit seinen geschwungenen Wegen und dem Teich führt von der Kastanienallee ausgehend ein gleich breiter Weg mit einreihig gepflanzten Bäumen am Teichufer entlang. Am Ende dieses Weges überquert man mit einer Brücke einen kleinen Bachlauf, der sich in seinem weiteren Verlauf bis zum Ablauf in der Mitte des Teichs durch die Boskettzone schlängelte. Dem Bachlauf folgt ein schmaler Pfad.

Das Südufer des Sees ist mit Sträuchern und Bäumen bewachsen. Anziehendster Blickpunkt ist hier die im Teich liegende kleine Insel, auf der sich die „offene Colonade“ erhebt (Abb. 23). Umpflanzt ist sie mit duftenden Fliedersträuchern und Kletterrosen. Über eine chinesische Holzbrücke ist sie an das Land angebunden. Auf der Insel ragt eindrucksvoll der aus Holzwerk erbaute Gartentempel in die Höhe. Feine Holzarbeiten finden sich an den Säulenkapitellen und dem Architrav. Der in Deutschland kaum noch einmal gesehene Tempel ist eine sechseckige offene Säulenhalle mit 12 Säulen, wo auch die Bezeichnung „offene Colonade“ herrührt. Südlich des Teichs teilt in der ersten Hälfte eine gerade

Abb. 24:
„Chinesisches Häuschen
im Kleinen Tannewald",
Ölgemälde von W. Thierry,
1786, Original im
Bad Homburger Schloß,
Stadtarchiv
Bad Homburg v. d. Höhe

Abb. 25: „Die Insel im Kleinen Tannenwald", Aquarell von Kraus, 1806, Stadtarchiv Bad Homburg v. d. Höhe

Wegeachse das Boskett. Viele hier abbiegende geschwungene und geschlängelte Pfade führen an ihren Endpunkten zu Kleinarchitekturen. Vertiefungen mit Hermen schmückten die „Cabinets". Andere Wege erscheinen als ziellose Irrwege. An Kreuzungspunkten steht unvermittelt eine große Tanne mitten auf der Kreuzung. Andere Schlängelpfade führen zu Grotten, kleinen Springbrunnen oder zu einem Teehaus.

Der südlichste Bereich ist ein von hohen Buchenhecken umschlossener Gartenbereich, der die „Chinoiserie" verbirgt (Abb. 24). Er war das Prunkstück des Gartens, das sich deutlich aus der Reihe der anderen Bauwerke heraushebt. Vom Teich kommend, gelangt man nur über einen schmalen Pfad in diesen versteckten Gartenteil. Von der Seite des ehemaligen Feldwegs her besteht ein etwas breiterer Zugang, der direkt auf das Gebäude zuführt. Die Chinoiserie war ein größeres Gebäude, was die Versteigerungsliste der Fürstin von Reuß belegt.[41] Ganz in der Nähe lag das Teehäuschen mit einem Springbrunnen davor. Hinter der Chinoiserie erstreckt sich ein kerzengerader Weg, der sich zweimal platzähnlich erweitert. Am Ende der Achse liegt ein kleiner Platz, in dessen Mitte eine Herme (Steinskulptur) steht. Der Garten lebt immer wieder von Spannungs- und Überraschungsmomenten und weist die dem Rokoko eigene Dynamik und Verspieltheit auf. Hohe Hainbuchenhecken umgeben die gesamte Gartenanlage.

An der Westseite liegen der Wasserzulauf und die Wassertechnik für den Teich und den im Boskett gelegenen Springbrunnen. Der Rücklauf in den Teich erfolgt in einem offenen Wassergraben. Das schon 1806, also 20 bis 30 Jahre nach Neuanlage des Kleinen Tannenwalds entstandene Aquarell von G. M. Kraus (Abb. 25) zeigt uns den Teich mit seinen weit ausladenden Ufern, die an manchen Stellen bis an das Wasser zugänglich waren. Im Teich ist ein Ruderboot abgebildet, von dem aus eventuell auch gefischt wurde, da es sich um einen sehr fischreichen Teich gehandelt haben soll. Die üppige, sich verschwendende Vegetation vermittelt den Eindruck harmonischer Abgeschiedenheit in einer anderen Welt. Diese Gefühle der feierlichen Ruhe und

41. Verwaltung der Staatlichen Schlösser und Gärten in Bad Homburg v. d. Höhe

*Abb. 26: Meierei im Kleinen Tannenwald, Farblithographie von Th. Albert um 1850, Original im Historischen Museum Frankfurt/M., Stadtarchiv Bad Homburg v. d. Höhe*

Stille kommen in vorliegenden Abbildungen und Beschreibungen immer wieder zum Ausdruck. Die Gartenanlage ist charakteristisch für die Zeitströmung der „Empfindsamkeit".

Unter Landgräfin Elizabeth, die den Garten 1822 von ihrer Schwiegermutter Caroline „zur Nutznießung" erhielt, erfuhr der Garten einige Veränderungen. Die augenfälligste war die Einrichtung eines „Cottage", einer Meierei nach englischem Vorbild. Dabei handelt es sich um einen Gebäudekomplex aus Wohnhaus, Ökonomiegebäude und Schweizerhaus (Abb. 26).

Diese im ausgehenden 18. Jahrhundert aus England kommende Gestaltung eines Landschaftsparks hielt eine „Schweizerei" (Hornviehzucht) mit mehreren Kleewiesen als „aufmunterndes Beispiel und Muster guter Viehzucht und Stallfütterung" für unentbehrlich. Die aus der Meierei kommenden Erträge gingen teils in die Hofküche, teils an die Armen und Waisen. In der Schweizerei wurden Milchprodukte hergestellt und weiterverarbeitet.

Das im Hintergrund sichtbare Haus ist das eigentliche Wohnhaus mit den Stallungen gewesen. Vor der Schweizerei waren große Rasenflächen mit den für das 19. Jahrhundert typischen im Rasen liegenden Blumeninseln, „Blumenbouquets" genannt, angelegt. Die Sicht auf das Schloß ist heute durch die Erschließung des Geländes als Baugebiet nicht mehr gegeben. Schatullenrechnungen der Landgräfin belegen, daß Elizabeth viel Geld für ihren „little wood" ausgegeben hat. Die größten Beträge sind für Ausstattung, Unterhaltung und vor allem für ausländische Bäume, Pflanzen und Samen verwendet worden. So wurden 100 Pappeln, 150 weiße und blaue Flieder und 220 blühende Sträucher und Bäume in 26 verschiedenen Sorten aus Rumpenheim in den Kleinen Tannenwald geliefert.[42] 1937 existierten noch die zur Zeit Elizabeths gepflanzten Rhododendronbüsche und ein Tulpenbaum. Die Fliederbüsche sind heute noch auf der Insel aufzufinden.

Nach 1866 ging der Kleine Tannenwald in den Besitz des Preußischen Königs über und wurde von der Königlich Preußischen Garten-

*42. A. Gröschel, 1992*

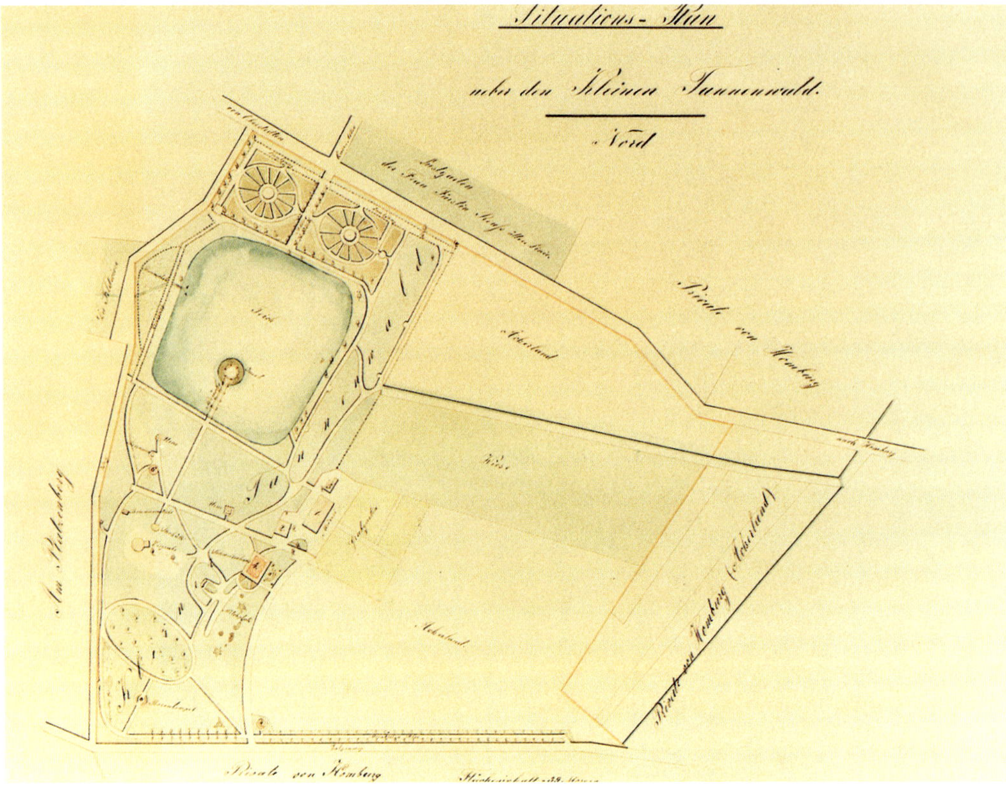

Abb. 27: „Situations-Plan über den Kleinen Tannenwald Nord", 1866, Plankammer Stiftung Preußischer Schlösser und Gärten, Berlin-Brandenburg

intendantur in Potsdam-Sanssouci als Hofgartenrevier verwaltet. Aus dieser Zeit sind in der dortigen Plankammer heute noch die Pläne verfügbar, in denen auch die oben beschriebenen Ergänzungen und Erweiterungen der Parkanlage durch Landgräfin Elizabeth dokumentiert sind.

Der 1866 vom Hofmarschallamt Homburg aufgenommene „Situationsplan über den Kleinen Tannenwald Nord" (Abb. 27) ist eine maßstäbliche Bestandsaufnahme des Gartens, in dem die einzelnen Elemente dargestellt und benannt werden. Die folgende Beschreibung belegt die Veränderung der ersten 100 Jahre seit Bestehen der Anlage. Bei Eintritt in den Garten von der Akazienallee erstreckt sich nun von Ost nach West ein Laubengang, der eine Parterrezone einrahmt. Im Gegensatz zu den Schilderungen Hirschfelds, 1742-1792, (siehe Anhang) und dem Plan von 1784 ist das Parterre nicht mehr quadratisch, sondern oval ausgeformt und in einzelne Segmente unterteilt. Das Parterre wird südlich von nur einer Baumreihe gesäumt, so daß der Blick auf den Teich frei bleibt. Im Osten der Teichanlage ist jetzt eine Baumschule verzeichnet. Im Teich ist die Insel mit Kolonnade und Brücke zu sehen. Im südlichen Bereich befinden sich ein Brunnen, eine Brunnenstube, eine Eisgrube, eine Hütte, ein Rosentempel, ein Milchplatz, das Schweizerhaus und die Meierei. Die Chinoiserie ist nicht mehr dargestellt.

Diese Bestandsaufnahme diente als Grundlage für eine Plandarstellung „Plan vom Kleinen Tannenwald bei Homburg vor der Höhe, 1877", die im wesentlichen dieselben Elemente enthält (Abb. 28). Lediglich die Darstellungsform ist differenzierter und deutlicher. Statt der Einzelsegmente innerhalb eines großen Ovals ist die Parterrezone jetzt ein ovales Rasenparterre mit Gehölzinsel als Mittelpunkt. Erweitert wurde der Plan um die Aussagen zur Wasserzufuhr zum Teich, zu den Baulichkeiten und zu den Brunnen. Hier sind detaillierte Aussagen getroffen und Höhenpunkte eingemessen worden. Der Wasserzulauf erfolgte demnach zum einen über die von Oberstedten kommende Wasserleitung zum Schloß, die den Brunnen, Teich und Meierei versorgte; zum anderen über einen Zulauf aus dem mit Feldwiese bezeichneten Gebiet. Ein Brand zerstörte 1891 das Meiereigebäude im Kleinen

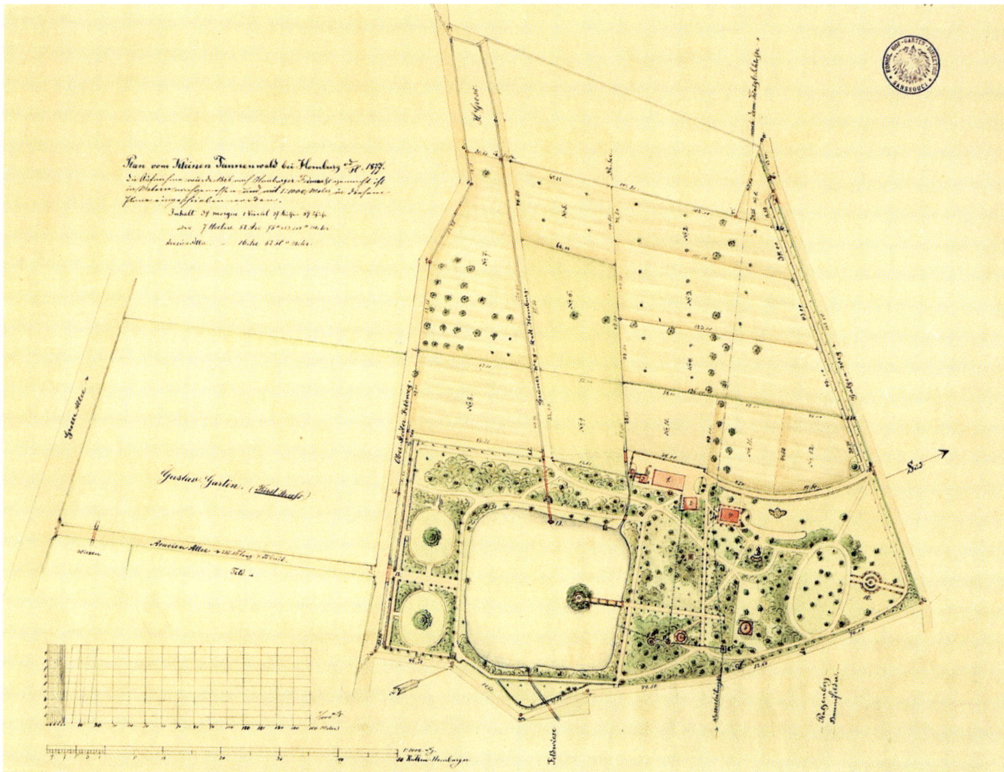

*Abb. 28:*
*„Plan vom Kleinen Tannenwald bei Bad Homburg v. d. Höhe", 1877*
*Plankammer Stiftung Preußischer Schlösser und Gärten, Berlin-Brandenburg*

Tannenwald. Davon betroffen waren das Wohnhaus und die Scheune. Nach einem Plan des Homburger Architekten Christian Holler wurden sie schon ein Jahr später (1892) mit vergrößertem Wohnbereich mit Gastwirtschaft, dem Viehstall und der Scheune neu errichtet und erfreuten sich großer Beliebtheit.

Vierzig Jahre später (1932) wurde die im Schloßpark gelegene Lederfabrik von der damaligen Schlösserverwaltung gegen das Gelände des Kleinen Tannenwalds getauscht. Somit fiel auch der Kleine Tannenwald in private Hände. Der große Pflegeaufwand für ein solches Gartenkunstwerk wird oftmals von den Privateigentümern unterschätzt und ist von diesen nicht zu gewährleisten. Dann erobert sich die Natur sukzessive das angelegte Terrain zurück und wertvolle Gartensegmente gehen verlustig. Es handelt sich um die immanente Gefahr eines jeden Gartenkunstwerks, da im Gegensatz zu anderen Kunstwerken das Leben und damit auch die Veränderung zwingender Bestandteil eines jeden Gartens ist. Daher wird im folgenden Kapitel kurz auf die Problematik zwischen Denkmal- und Naturschutz eingegangen.

## Gartendenkmalpflege und Naturschutz

Im Laufe der Jahre hat sich der Kleine Tannenwald durch fehlende Pflege in ein wertvolles Biotop verwandelt, das vielen Pflanzen- und Tierarten Schutz gewährt, die sich miteinander unbeeinträchtigt entwickeln konnten. Die wesentlichen historischen Strukturen wie Teich, Insel, Meiereigebäude und Hauptwege sind jedoch heute noch auffindbar. Diese Gartenanlage spiegelt somit sinnbildlich den häufigen Konflikt historischer Gärten zwischen Denkmalpflege und Naturschutz wider. Vor Beginn jeglicher Auseinandersetzung zu diesem Thema sind fundierte Kenntnisse der gesetzlichen Grundlagen notwendig. Das Bundesnaturschutzgesetz besagt im § 1 (2): „Natur und Landschaft sind im besiedelten und unbesiedelten Bereich so zu schützen, zu pflegen und zu entwickeln, dass ...
4. Die Vielfalt, Eigenart und Schönheit von Natur und Landschaft als Lebensgrundlage des Menschen und als Voraussetzung für seine Erholung in Natur und Landschaft nachhaltig gesichert sind.“ § 2 (1) Punkt 13 merkt dazu an, daß historische Kulturlandschaft und Landschaftsteile von besonderer Eigenart zu erhalten sind. Hieraus wird die eigentliche Verbindung zwischen Naturschutz und Denkmalpflege ersichtlich. Bis Ende des 19. Jahrhunderts oblag beiden scheinbar konträren Institutionen die gemeinsame Sicherung der menschlichen Umwelt.

Eine große Anzahl von Naturdenkmälern ist heute schon als Bestandteil des Naturschutzes gesichert. Der Denkmalschutz ist somit ein Oberziel des Naturschutzes. Die Gesetzgebung des Denkmalschutzes obliegt der Oberhoheit der Länder. So wurde 1974 in das damalige hessische Naturschutzgesetz unter § 18 der Schutz der Gesamtanlagen eingefügt, der den Mitschutz der zu einem Baudenkmal gehörenden Pflanzen- und Wasserflächen und damit der umgebenden Natur- und Kulturlandschaft gewährleistet. Aufgrund dieser gesetzlichen Voraussetzungen sollte man eine sich ähnelnde Zielsetzung von Naturschutz und Denkmalpflege erwarten. Der grundsätzliche Konflikt liegt darin begründet, daß historische Gärten einerseits Lebewesen mit engem Bezug zur Natur und andererseits als gepflanzte und gewachsene Architektur nach dem Denkmalschutzgesetz der Länder Kulturdenkmäler sind. Zur Verdeutlichung seien hier die wesentlichen konträren Zielsetzungen benannt.
Aus der Sicht des Naturschutzes sind dies:

- die Erhaltung der Leistungsfähigkeit des Naturhaushaltes und
- die Nutzungsfähigkeit der Naturgüter, der Pflanzen und der Tierwelt;
- wesentliche Ausprägungen des Landschaftsbildes müssen sichtbar gemacht werden und sind vor Eingriffen aller Art zu schützen.

Dem Naturschutz liegt die funktionelle Betrachtung eines Landschaftsteils näher als die Betrachtungsweise in ästhetischem und historischem Sinn.
Aus der Sicht der Gartendenkmalpflege:

- Der historische Bestand in Mitteleuropa ist kein Naturprodukt, sondern künstlich angelegte Substanz.
- Endziel eines Projektes ist die authentische Erhaltung historischer Substanz.
- Die Zerstörung der authentischen Situation ist als Verlust des Kulturdenkmals zu werten.
- Der Substanzaustausch, d. h. beispielsweise die Verwendung historischer Gartenelemente an einem anderen als dem Originalstandort, ist als ein zur Kopie degradiertes Kulturdenkmal zu werten.[43]

Es wird seit vielen Jahren angestrebt, daß die Position der Gartendenkmalpflege sich dem Naturschutz bezüglich der Authentizität eines Denkmals annähert. „Ein gewisses Maß an Verwilderung und Niedergang sollte das

*43. M. Kummer, 1987*

Denkmal ertragen dürfen".[44] Dies würde die Situation mit Sicherheit erheblich entspannen. Einen wichtigen Schritt in diese Richtung unternahm Herr Dr. Mathieu, Direktor der Verwaltung der Staatlichen Schlösser und Gärten in Bad Homburg v. d. Höhe, bereits 1987 mit seinem im Rahmen des 1. Gartendenkmalpflege-Seminars geprägten Begriffs der „Ökologischen Gartendenkmalpflege". Hierzu ist anzumerken, daß auch die Wildpflanzenbestände in historischen Gärten Aufschluß über die ehemals vorhandene historische Bepflanzung geben können. Somit besitzen diese Pflanzen nicht nur eine ökologische, sondern auch eine historische Funktion und sind unbedingt erhaltenswert.[45] Daher sollten die festgelegten Ziele des Naturschutzes, insbesondere im Hinblick auf die ästhetische und historische Aufgabe des Schutzes einer historischen Kulturlandschaft, unterstützt werden.

Am Beispiel des Kleinen Tannenwalds wird deutlich, daß die Ansichten von Naturschutz und Denkmalpflege nicht zwingend auseinanderlaufen müssen. Nach dem Vorbild des „National Trust" in Großbritannien wäre die Zusammenarbeit beider Institutionen unter einer Schirmherrschaft sehr wünschenswert. Der „National Trust" wurde 1895 in Großbritannien aus Sorge um die Entwicklung der Eisenbahn, die mit ihrem Gleisbau die Landschaften zu zerschneiden drohte, ins Leben gerufen. Schon bald erweiterte diese private Denkmalschutzorganisation den Landschaftsschutz auf den Schutz von Kulturdenkmälern.

Aktuell und vertiefend mit der Thematik befaßt sich unter anderem die Abhandlung von E. R. Hoenes „Historische Gartenanlagen zwischen Naturschutz und Denkmalpflege" im Rahmen des „Symposiums Historische Gärten in Wien 2000", die in gedruckter Form vorliegt.

*44. ebd.*

*45. M. Nath-Esser, 1987*

Nur durch die heutige Brüningstraße getrennt, liegt neben dem Englischen Garten der Ferdinandsgarten. Der Sonderling und Hagestolz Ferdinand verwandte nicht viel Phantasie für das Geschenk zu seinem 40. Geburtstag (am 26. April 1823) und ließ seinen Zeit, da Frauen den Besuch von Restaurants ohne Begleitung kaum wagten, richtete Merle einen „Damen-Salon" für Kaffeekränzchen ein. Sein Angebot von Bier und Weinen zeigt, daß die Damen hier nicht nur Kaffee, Tee und heiße Schokolade erwarteten (Abb. 29).

Die Außenanlagen des Gebäudes wurden, im Stil der damaligen Zeit, mit von Hoch-

*Abb. 29: Anzeige für das Café „Ferdinands-Garten", 1880, Postkarte Stadtarchiv Bad Homburg v. d. Höhe*

Garten vorwiegend mit Tannen und Fichten bepflanzen. Ein Jahr nach seinem Tod erwarb Hofgärtner Merle für 3600 Gulden diese Anlage, beseitigte die Bäume und eröffnete hier ein Café-Restaurant mit vielen Attraktionen, die, wie eine Werbung von 1880 zeigt, auf die Kurgäste zugeschnitten waren. Neben Getränken aller Art von Milch bis Champagner wies die Speisekarte auch das Diätgebäck Zwieback auf. Zur Unterhaltung des großen und kleinen Publikums war ebenso gesorgt: Erwachsene konnten am Schießstand ihr Können zeigen, Kinder vergnügten sich an Schaukeln und Turngeräten. In der stämmen umgebenen gegliederten Rasenflächen und blühenden Gehölzen angelegt.

Die Zeitläufe und wirtschaftliche Veränderungen sorgten dafür, daß sich der einstige Ferdinandsgarten am Ende des Ersten Weltkrieges wieder seinem ursprünglichen Zweck näherte und das Restaurant geschlossen wurde. Heute befindet sich hier die „Bad Homburger Baumschule" der Familie Merle-Peselmann.

# Der Philippsgarten

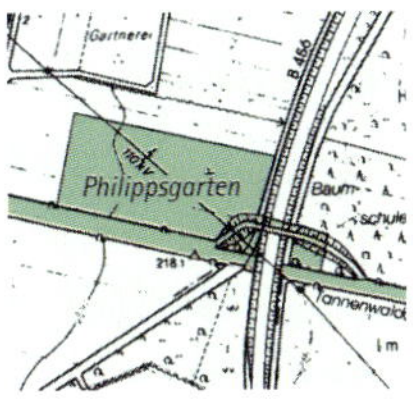


Eine gartenkünstlerische Gestaltung dieses Gartens erfolgte nicht. Er findet lediglich Erwähnung als „Obstanlage an der Kreuzung Allee/Stedterweg", der heutigen Bundesstraße 456.[46] Späterhin wird über die Versteigerung des Philippsgartens mit einem Pferdegrab und einer rot gestrichenen Bretterhütte berichtet[47] (Abb. 30). Nach Auskunft des Katasteramtes Bad Homburg fiel der Garten 1860 an Caroline zu Reuß. 1869 wurde er an Privatpersonen verkauft. Heute noch ist die landwirtschaftlich genutzte Fläche in Privatbesitz.

*46. H. Jacobi, 1937*

*47. E. Rowedder, 1994*

*Abb. 30: „Eingang zum Philippsgarten von Homburg", Caroline Louise von Schwarzburg-Rudolstadt (1771-1854), Aquarell und Federzeichnung, um 1785, Thüringer Landesmuseum Heidecksburg Rudolstadt*

# Der Große Tannenwald

## Waldtausch

*Wer die Vernachlässigung der einstigen Landgrafengärten jenseits des Gotischen Hauses beklagt, muß bedenken, daß sich dieses Areal nicht im Besitz der Stadt Bad Homburg befand. Der Gedanke eines Waldtausches zwischen dem Land Hessen und der Stadt entstand am 21. November 1960 anläßlich einer Besprechung zwischen Vertretern dieser Gremien. Hintergrund der Unterredung waren die von der Kur-AG beabsichtigten Investitionen in den geplanten Neubau des Hirschgarten-Restaurants, das aber, wie der gesamte Hirschgarten, zum Land Hessen gehörte. Dieser Tauschgedanke wurde von Oberbürgermeister Karl Horn, dem Magistrat und den Stadtverordneten sofort aufgenommen und genehmigt, so daß der Vertrag ab 1. Januar 1962 in Kraft treten konnte. Damit gehörten jetzt unter anderem die Holzung des Großen Tannenwalds, die Wege Tannenwaldallee und Tannenwaldweg sowie der Hirschgarten mit Wirtschaftsgebäude und Futterhaus, ebenso der Forstgarten mit dem kleinen Haus am Teich zu Bad Homburg.*

## Historische Lagepläne

Hinter dem Gotischen Haus erstreckt sich der von Landgraf Friedrich V. Ludwig 1771 angelegte Große Tannenwald. Ähnlich dem etwa zeitgleich entstandenen Kleinen Tannenwald ist dies eine Anlage im Geschmack des Zeitgeistes. Der Landgraf, ein empfindsamer Mensch, der dem Schönen zugetan war, gab ihm dem Namen „Tempé", nach dem gleichnamigen in Griechenland am Fuße des Olymp gelegenen schönsten Tal in Thessalien. Friedrich V. Ludwig liebte diesen Wald so sehr, daß er wünschte, darin begraben zu werden. „Nun schon es Tempé mir zur Lust und dann zum Grabe".[48] Aus der Entstehungszeit dieser Gartenschöpfung liegen Kupferstiche als Lagepläne vor, die Auskunft über die „Ausstattungselemente" der Parkanlage geben (Abb. 31). Die Primärgestaltung war 1772/73 abgeschlossen, da feste Installationen wie das Jagdhaus, begonnen 1771, die Eremitage und das „Pferdsbegräbnis" 1773 bereits vorhanden sind.[49] Schon H. Jacobi vermutete die Einweihung der neuen Parkschöpfung am 16.5.1773, wenn auch der Druck des Lageplans „Grundlage des Lustwaldes, die Große Tanne" erst 1783 erschien. Eine bereits 1669 gepflanzte große Weißtanne fungierte als Namenspatronin.

Abb. 36a: Luftbild des Gotischen Hauses mit umgebenden Landwirtschaftlichen Flächen, 1994 Stadtarchiv Bad Homburg v. d. Höhe

Der „Lusthain" wird von mehreren breiten Wegen durchschnitten, die sich alle an markanten Punkten kreuzen. Von diesen geometrisch geraden Schneisen zweigen viele schmale geschwungene Pfade zu Sehenswürdigkeiten ab. Aus einer dieser Achsen ist 1822 die Elisabethenschneise, als Verlängerung der Tannenwaldallee, entstanden.

Im hinteren, westlichen Teil der Anlage befand sich das fürstliche Jagdhaus, auch „Rothes Haus" genannt. Vor dem Haus lag eine Wasserkaskade, die in einen kleinen Bach mündet, der wiederum in den ersten Teich fließt. Vier Teiche wurden angelegt, die in ihren Strukturen als Vertiefung heute noch ganz deutlich erkennbar sind. Der zweite Teich ist mit einer kleinen Insel, zu der man über einen Damm Zugang hat, versehen. Die Insel war lediglich mit 5 Fichten bewachsen. Die landgräfliche Familie pflegte dort Mahlzeiten einzunehmen. Dort soll auch die romantische Namensgebung (Tempé) erfolgt und das gleichlautende Gedicht des Landgrafen Friedrich V. Ludwig zu seinem geliebten Park entstanden sein. Durch die genaue Parkbeschreibung in diesem Gedicht sind auch heute noch die dort erwähnten Einzelheiten der Parkanlage auffindbar (siehe Anhang). In die

48. „Alt Homburg" 3/1975, S. 168

49. E. Rowedder, 1994

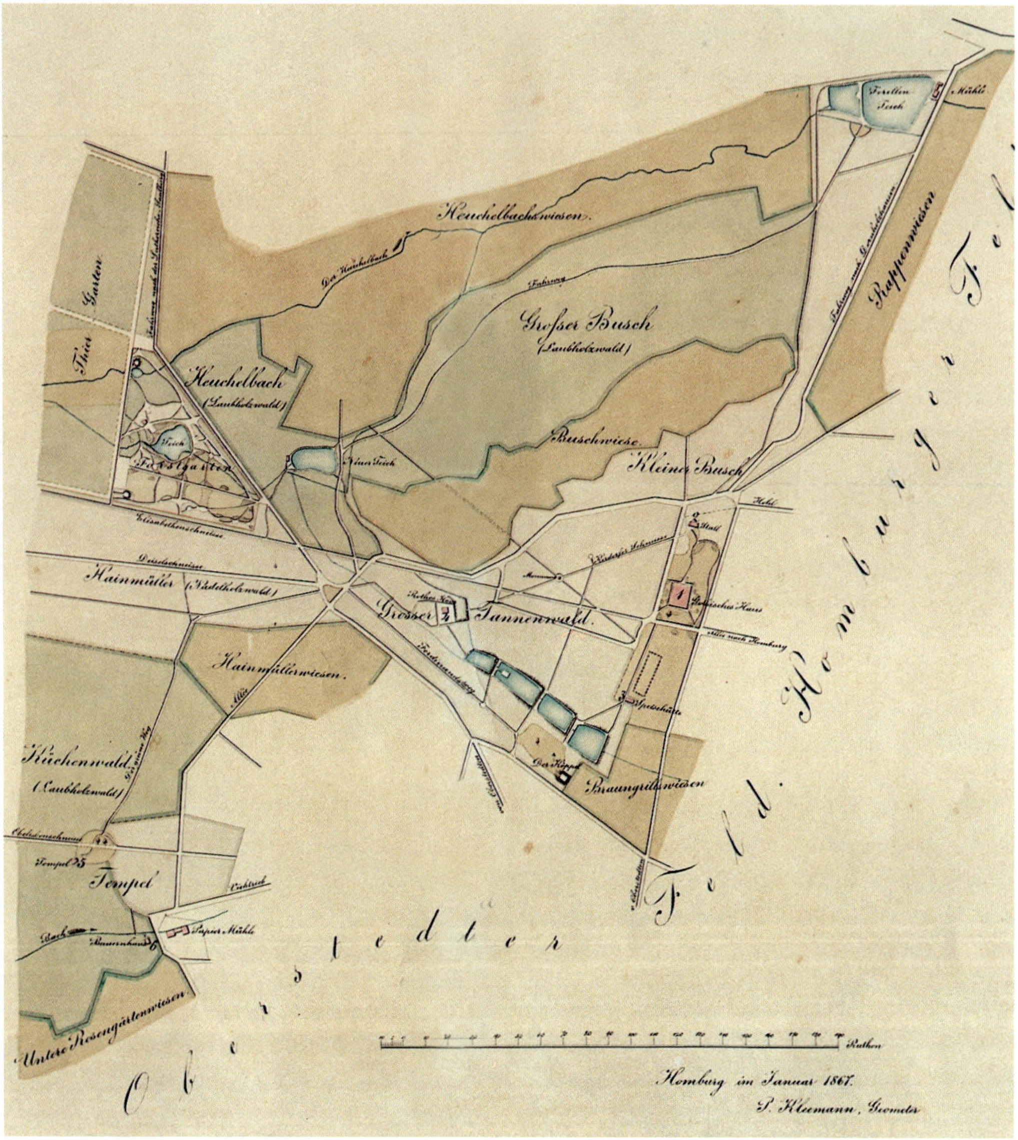


*Abb. 32: „Situations-Plan über einen Theil des Domanialwaldes Großer Tannenwald Nord", Geometer Kleemann, 1867, Plankammer Stiftung Preußischer Schlösser und Gärten Berlin-Brandenburg*

Teiche waren sogenannte „Schieber" zur Wasserstandsregulierung eingebaut, mit denen sich die Wasserdurchflußmenge steuern ließ. Der Wasserzulauf erfolgte mittels Gräben, die von dem aus dem Taunus kommenden Hirschbach, dem heutigem Heuchelbach, abzweigten. Nach der Ableitung des Baches sind die Teiche allmählich trockengefallen. Entlang der Teiche ist ein zusätzlicher Wasserlauf eingezeichnet.

Besondere Anziehungspunkte des Großen Tannenwaldes waren:

- Vereinzelt stehende mächtige Tannen, die als „Solitaires" bezeichnet wurden, wie z. B.
- „Le Tableau", eine im Jahre 1669 am dritten Teich gepflanzte mächtige Tanne mit Gedenktafel.
- „Eremitagen", also kleine, einsam gelegene Holzhütten, ein „Labyrinth", von hohen Hecken gebildete Irrwege, und eine „Alte Fasanerie", welche eine Fasanenzucht zu Jagdzwecken beherbergte.
- „Pferds Begräbnis". Hier war 1773 das Leibpferd des Landgrafen begraben worden. Er widmete ihm aus Zuneigung die selbstverfaßte Inschrift:

  „Hier liegt das schönste Pferd begraben das alle Tugenden vereint; könnt man mit Tieren Freundschaft haben – so läge hier mein Freund".
- „Ein Försterhaus, Bienhaus, Gemüs-Gärtgen, Akerfeld, Speishütte, Küche, Vertiefung" sind ebenso im Plan eingetragen wie der

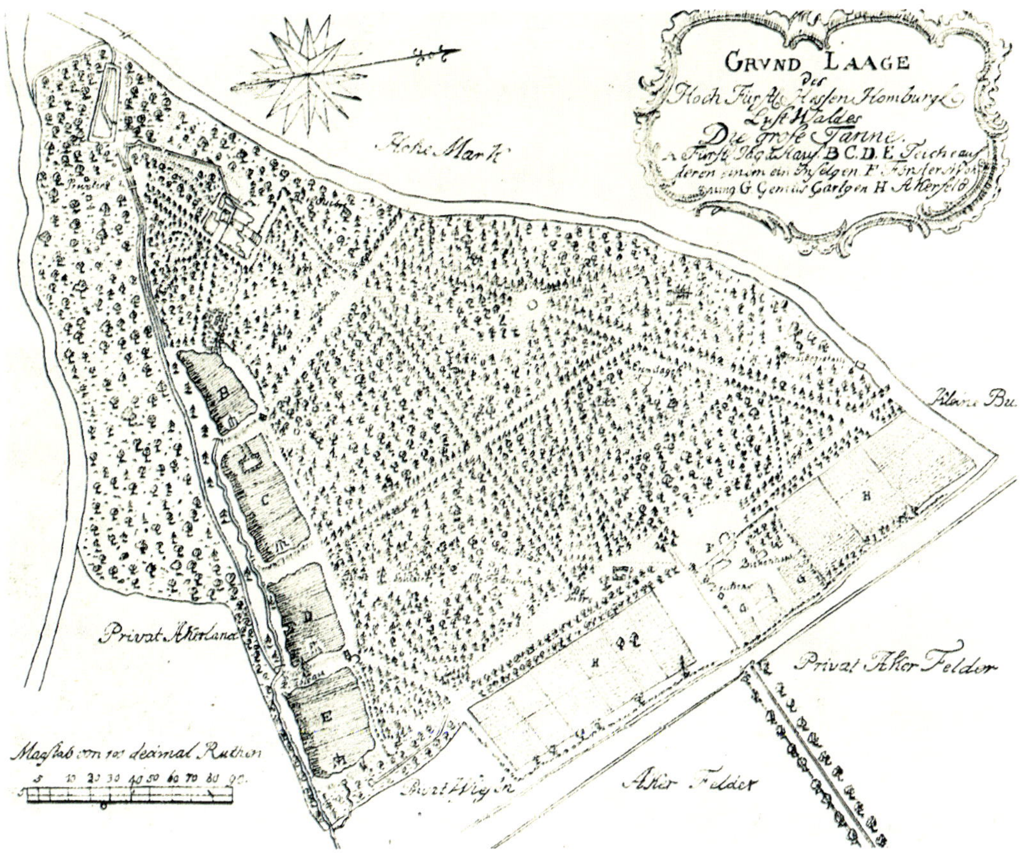


*Abb. 31:
„Grund Laage des Hochfürstlichen Hessen Homburg Lust Waldes Die grosse Tanne", 1782/83, Stadtarchiv Bad Homburg v. d. Höhe*

„Carroussell-Platz" südlich des Gotischen Hauses.

- Die 1816 zur Jubelfeier der 50jährigen Regierung des Landgrafen Friedrich V. Ludwig errichtete Landgrafensäule stand auf einem runden Platz, dem „sogenannten rond-point", einer markanten Wegekreuzung im nördlichen Teil des Lustwaldes.

Zahlreiche dieser Sehenswürdigkeiten wurden nach 1792 durch das französische Heer zerstört. In einem Lageplan späteren Datums, einem Kupferstich von Voigt (vermutlich 1820 erstellt), fallen folgende Veränderungen auf:

- Hinter dem Jagdhaus „Rothes Haus" ist eine Küche verzeichnet.
- Die in der Nähe liegende Lichtung wird als „Vertiefung" bezeichnet. Nach H. Jacobi handelt es sich hier um einen Schießstand.
- Eine künstliche Anhöhe ist mit der Gebietserweiterung an der Südseite entstanden.
- Neue Wegeachsen sind dargestellt.

Durch Windbruch wurde 1830 ein Großteil der Tannen schwer beschädigt. Unversehrt blieben lediglich die „Große Tanne" von 1669 und einige einzeln und in Gruppen stehende Eichen sowie eine in der „Grundlage des Lustwaldes die Große Tanne" mit „Bel air" bezeichnete Linde.[50] 1866 wurde auch dieser Bereich Preußen zugeschlagen und so zu einem Revier im Staatswald.

Von Januar 1867 liegt ein „Situations-Plan über einen Theil des Domanialwaldes Großer Tannenwald Nord", aufgenommen von Geometer P. Kleemann, in der Plankammer der heutigen Verwaltung Preußischer Schlösser und Gärten in Potsdam vor. Es handelt sich

*50. E. Rowedder, 1994*

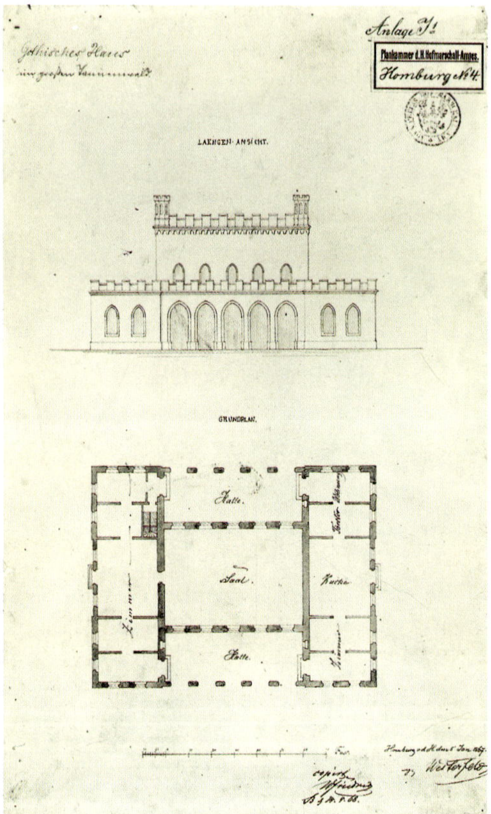

*Abb. 35: „Gothisches Haus im Großen Tannenwald, Laengen-Ansicht", Zeichnung von Westerfeld, 1867, Plankammer Stiftung Preußischer Schlösser und Gärten Berlin-Brandenburg*

um ein genaues Aufmaß des Großen Tannenwalds und des Forstgartens mit angrenzenden Buschwiesen (Abb. 32). Deutlich sind die Wegestrukturen mit Elisabethenschneise, Rond-Point mit als „Monument" bezeichnetem Landgrafendenkmal und die heutigen, noch vorhandenen umgrenzenden Wegeverbindungen, einschließlich der markanten Wegespinne nördlich des Großen Tannenwalds, dargestellt.

Die vier Teiche, der zweite mit Insel, und der Wasserlauf sind genau eingemessen. Lediglich der längs der Teiche verlaufende Bach ist nicht mehr vorhanden. Die Wasserspeisung der Teiche durch die Abzweigung vom Heuchelbach und in den „Neuen Teich" der Buschwiesen ist klar erkennbar. Das Gotische Haus ist mit einer Außengestaltung im landschaftlichen Stil dargestellt. Zu dieser Gestaltung gehört auch ein Stall, am Auftakt zur Kirdorfer Schneise, der auch auf einem zeitgenössischen Kupferstich zu sehen ist (Abb. 33).

Das Rothe Haus ist mit einer angrenzenden deutlichen Vertiefung eingezeichnet, aus der ein weiterer Zulauf zum Teich abgeleitet wird. Das Wasser scheint direkt aus dieser Vertiefung zu kommen. Der Zulauf befindet sich im Bereich der früheren Wasserkaskade und ist heute noch im Gelände erkennbar. Dieser jüngste Plan ermöglicht eine klare Einschätzung der realisierten und erhaltenen Parkelemente. Mit Hilfe der drei Pläne und des landgräflichen Gedichts sind zahlreiche Attraktionen und Entwicklungsstufen der sich heute als Wald darstellenden Parkanlage wieder auffindbar.

Die Gesamtanlage des Großen Tannenwalds wurde 1988, wie auch andere Bereiche der historischen Gartenlandschaft, nach wissenschaftlichen Untersuchungen als wichtiges gartendenkmalpflegerisches Geschichtszeugnis der Orts- und Territorialgeschichte Bad Homburgs erkannt. Das Landesamt für Denkmalpflege Hessen hat die Anlage als Kulturdenkmale erfaßt und in das Denkmalbuch aufgenommen.

Neben dem schon seit 1913 durch kaiserliche Anordnung für das Gotische Haus bestehenden Denkmalschutz wurden nun auch die weiteren verbliebenen Gartenanlagen mit ihren Ausstattungen den Schutzbestimmungen des Denkmalschutzgesetzes unterstellt.

Heute gehört das Gebiet zum Stadtforst Bad Homburg. Um die Jahrhundertwende wurde das Wachstum exotischer Bäume in unseren Breitengraden erprobt. Aus dieser Zeit stammt noch die Vielfalt der hier auffindbaren Gehölze. Lediglich die Eichen sind 200 Jahre alt und stammen aus der Entstehungszeit der Anlage. Vereinzelte Nadelgehölze, wie Thuja plicata, Pseudotsuga menzii und auch Picea abies, entstammen auch der Blütezeit des Großen Tannenwalds. Im Bereich des früheren Carroussell-Platzes wurde ein Forsthaus erbaut, an das sich heute südlich eine Reformfachschule anschließt.

Abb. 33:
„Jagdschloß im Tannenwald bei Homburg v. d. Höhe", um 1800
Plankammer Stiftung Preußischer Schlösser und Gärten Berlin-Brandenburg

## Die Landgrafensäule

*Die 9.500 Einwohner des Landes Hessen-Homburg beschlossen, ihren Landesherrn, Friedrich V. Ludwig, zu seinem 50. Regierungsjubiläum und 68. Geburtstag am 30. Januar 1816 durch ein Denkmal zu ehren. Die steinerne, zwei Meter hohe Gedenksäule, auf einem Steinquader stehend, zu dem drei Stufen führen, endet in einer sternengeschmückten Kugel. Wer die Säule mehrmals umrundet, kann folgende Inschrift lesen: „Dem Durchlauchtigsten Herrn Landgrafen Friedrich Ludwig zu Hessen Homburg Am 30ten Januar Bey Antritt Seines 69ten Lebens und 51ten Regierungs Jahres von seinen treuen Unterthanen". Unter Teilnahme aller Honoratioren und Homburgs Bürgern wurde die Einweihung auf dem Platz zwischen Schloß und Altstadt begangen, doch in Abwesenheit des hier Geehrten. Der scheue, sprachbehinderte Landgraf hatte es vorgezogen, einige Tage vorher nach Frankfurt zu fahren und bei der Feier nur einen Brief verlesen zu lassen (Abb. 34).*

*Im Jahr 1835 veranlaßte Landgraf Ludwig die Versetzung des Denkmals in den Großen Tannenwald hinter das in der Zwischenzeit entstandene Gotische Haus. Dort war es später*

*Zerstörungen ausgesetzt, kam im September 1967 nach der Wiederherstellung auf den unteren Schloßhof und erhielt im Oktober 1988 wieder seinen ursprünglichen Platz vor dem Schloß.*

## Das Gotische Haus

Das Gotische Haus liegt im Großen Tannenwald und hat als signifikantes Wahrzeichen der Homburger Gartenlandschaft eine ganz eigene wechselvolle Geschichte, über die im Folgenden berichtet wird.

Landgräfin Elizabeth gab nach Abriß des Forsthauses den Bau eines Jagdschlosses 1822 in Auftrag. Für Jagden und sonstige Feierlichkeiten plante man dieses „herrschaftliche Gothische Gebäude". Diese Bauwerke gehören zum klassischen Inventar eines englischen Landschaftsparks wie Ruinen, Burgen oder Schlösschen in gotisierendem Stil. Als Beispiel hierzu seien die Löwenburg in Kassel oder die Moosburg in Biebrich angeführt. Am 17.4. 1823 fand die Grundsteinlegung des Gebäudes statt. Bereits nach sieben Monaten konnte der Dachstuhl aufgesetzt werden. Am 7.11.1823 brach das Gerüst zusammen und begrub neun Zimmerleute unter sich, von denen einer seinen Verletzungen erlag. Nach diesem tragischen Vorfall legte sich das landgräfliche Interesse an dem Bau. Die Arbeiten am Dachstuhl wurden jedoch fortgesetzt. Kurze Zeit später traten die ersten ernsthaften Probleme im Zusammenhang mit der Baulichkeit auf. Nachdem bisher der Frankfurter Baumeister Joseph Zobel die Bauarbeiten ausgeführt hatte, wurde 1825 der Architekt und Oberbaurat Georg Moller hinzugezogen. „Der Großherzogliche Hessische Oberbaurath Moller war heute hier angekommen ... und dann fuhr er zum gothischen Haus um über die Haltbarkeit des Daches sein Gutachten abzugeben".[51] Seit dieser Zeit kümmerte er sich offiziell um den Bau. Im Stadtarchiv liegt eine signierte und datierte Zeichnung von Moller für eine Innendekoration der großen Halle des Kernbaus, die jedoch nie ausgeführt wurde. Bis 1878 taucht das Gotische Haus in den Rechnungsbüchern ständig mit Unkosten auf, entstanden durch Reparaturen an der nicht vollständig abzudichtenden Dachkonstruktion (Abb. 35).

Nach dem Tod Elizabeths 1840 fiel das Gebäude an die noch lebenden Mitglieder der Landgrafenfamilie. Ab 1855 wurde es von einem Aufseher bewohnt, der Kurgästen Obdach und Erfrischungen anbot. Ab 1860 benutzte die Forstverwaltung einige Räume des Hauses. Nach dem Tod des letzten Landgrafen Ferdinand 1866 wurde das Gebäude der Forstbehörde zur Benutzung übergeben. In dem Kaufvertrag für das Gebäude 1913 notierte Kaiser Wilhelm II. eigenhändig die Randbemerkung „Denkmalschutz grundbuchlich sichern".

Als „Jagdschloß Gothisches Haus" wurde um 1920 ein Café-Hotel-Restaurant eröffnet. Der neue Eigentümer nahm 1929 bauliche Veränderungen vor, indem er die typisch neugotischen spitzbogigen Fenster durch rechteckige Normalfenster ersetzte. Bis 1968 wechselten die Besitzer des Gebäudes ständig, wobei es sich zumeist um Gastronomen gehandelt hat. Ein Investor plante 1969 den

*51. „Alt-Homburg", März 1985, S. 4 ff.*

*Abb. 34: Die Landgrafensäule vor dem Schloß*

Abb. 36:
*„Das Jagdschloß (Homburg) Le Chateau de Chasse", 1846*
*Von Wegelin, Museum Gotisches Haus in Bad Homburg v. d. Höhe*

Abriß des Gotischen Hauses und den Bau eines modernen mehrgeschossigen Hotels. Vorbedingung war die Erlaubnis zum Bau der notwendigen Personalwohnungen, wobei man pro Hotelgast einen Angestellten rechnete. Sobald der Antrag von der selbständigen Gemeinde Dornholzhausen genehmigt wurde, schossen die Personalwohnungen in Form der heutigen Hochhäuser zum Himmel. In letzter Minute erwirkte man vor der Verwirklichung eines weiteren Hochhausbaus den rettenden Baustop. Die Ausführung des Planes „Hotel Gotisches Haus" wurde 1977 durch Eintragung in das Denkmalbuch verhindert. Der Besitzer meldete daraufhin Konkurs an.

Auf einer Zwangsversteigerung 1980 erwarb eine Bank das Gebäude. Die Hoffnung auf Sanierung wurde im Dezember des gleichen Jahres zunichte gemacht, als Pyromanen das Gebäude in Brand steckten. Nach genauer Untersuchung der beschädigten Bausubstanz stellte es sich heraus, daß eine Sanierung noch immer lohnenswert sei. Ende 1984 erstrahlte das Gotische Haus wieder in altem Glanz und beherbergt heute Heimatmuseum, Hutmuseum und Stadtarchiv der Stadt Bad Homburg. Das Gotische Haus ist seit seiner Entstehungszeit bis heute beliebtes Ausflugsziel der Bad Homburger Bevölkerung geblieben. Zahlreiche Ansichten belegen sonntägliche Ausflüge mit Kutschen oder zeigen flanierende Spaziergänger zwischen Schloß und Gotischem Haus entlang der Tannenwaldallee (Abb. 36). Es bildet das Bindeglied zwischen Stadt und Land, Kultur und Natur. In dieser Mittlerfunktion setzt es den Kontrapunkt zu der sehr urbanen Anlage des Bad Homburger Schlosses. Es ist das signifikante Element des unter Elizabeth entstandenen Landschaftsparks. Die vorgelagerten Ackerflächen bieten die Möglichkeit der historisch angelegten Verknüpfung zwischen Landwirtschaft und Gartenkultur im Sinne der „Landesverschönerung" (siehe S. 13), (Abb. 36a).

Erst das Einbetten in diesen historischen Kontext stellt die Erlebnismöglichkeit eines Landschaftsparks für Besucher wieder her.

## Die Elisabethenschneise als Verlängerung der Tannenwaldallee

# Der Forstgarten

## Wie alt ist der Forstgarten?

*Diese Frage läßt sich nicht mit letzter Bestimmtheit klären, doch anhand von Dokumenten annähernd rekonstruieren. Berichte des Forstamtes und der Rentei Homburgs vor der Höhe aus den Jahren 1823 und 1825 lassen vermuten, daß es bereits vorher einen Forstgarten gegeben hat, der dann von Landgraf Friedrich VI. Joseph und seiner Frau Elizabeth an die uns bekannte Stelle verlegt wurde. Das Rentamt verweigerte nämlich am 13. September 1823 die Zahlung von 71 Gulden durch die Landesregierung für die Verlegung des Forstgartens, da dies „ein Privat-Unternehmen sei, von dem niemand vorher in Kenntnis gesetzt wurde". Im Forstbericht des Wildmeisters von Brandenstein vom 26. Juli 1825 ist die Rede von des Landgrafen „höchstem Befehl, die Arbeiten in dem neuen Forstgarten auf dem Großen Tannenwald unverzüglich zu beginnen und schnellmöglichst zu beenden". An Arbeiten werden hier das Ausgraben des Teichs und Ausschachten des Bodens erwähnt. Vermutlich gab es bereits vor 1800 einen kleinen Pflanzgarten, der nun durch die Initiative des Landgrafenpaares an neuer Stelle vergrößert wurde. Der Teich kann bereits in der ersten Anlage vorhanden gewesen sein, denn ein Gemälde des Malers Wilhelm Thiery aus der Zeit zwischen 1785 und 1793 zeigt ein Teehäuschen an einem Teich und stellt laut Beschriftung am Rahmen den Forst-*

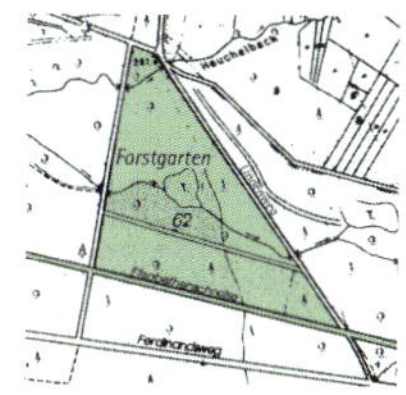

*Abb. 37:
„Forsthaus im Lustgarten des Landgrafen von Hessen-Homburg"
um 1785 von Thierry,
Aquarell mit Bleistiftresten
Thüringer Landesmuseum Heidecksburg Rudolstadt*

*Abb.12a:
Landgräfin Elizabeth,
Aquarell von G.P. Hardin
um 1805
Museum Gotisches Haus
in Bad Homburg v. d. Höhe*

*garten dar (Abb. 37).- (Das Originalgemälde befindet sich im Landgrafenschloß im Schlafzimmer Kaiserin Auguste Viktorias.)*

*In einem englischen Stadtführer von 1844 ist zu lesen, der Forstgarten stehe das ganze Jahr über Besuchern offen. Die Namen der dort wachsenden seltenen Bäume und Pflanzen könne man an Schildchen ablesen. Rund um den See und an einigen Wegen standen damals einfache Bänke, die Kieswege waren in einem ausgezeichneten Zustand. Der Autor dieses Führers läßt sich übrigens viel ausführlicher und enthusiastischer über den Forstgarten aus als zum Beispiel über den Englischen Garten und preist die Großzügigkeit der landgräflichen Familie, dieses Juwel ohne Aufseher in Ruhe genießen zu dürfen.*

## Vorübergehende Idylle

*Der Vertrag über den Tausch von Waldgelände aus dem Jahr 1962 nennt das idyllische Teehäuschen am Teich einfach „Kamphütte", doch ließ das kleine Bauwerk bei der ersten Besichtigung im November 1960 wohl keine andere Wertung zu. Erst später stellte sich seine historische Bedeutung heraus.*

*Oberbürgermeister Karl Horn war begeistert von der Lage des Forstgartens samt Teich und Häuschen und beabsichtigte, sie in ein von ihm geplantes öffentliches Erholungsgebiet einzubeziehen. Nach der Renovierung des Teehauses, also der Kamphütte, fanden hier einige Magistratssitzungen statt, die aber nie mehr als 15 Personen umfaßten. Mehr hätten hier auch nicht Platz gefunden. Teilnehmer der damaligen Sitzungen schwärmten von der idyllischen Lage ihres Tagungsortes, von den duftenden Waldblumen und den quakenden Fröschen.*

## Vom Pflanzgarten zur Parkanlage

Etwa zeitgleich mit der Anlage der Elisabethenschneise wurde der dreieinhalb Hektar große dreieckige Forstgarten von Landgräfin Elizabeth als „Pflanzgarten" konzipiert. Exotische Laub- und Nadelgehölze sollten auf ihre Verträglichkeit der in unseren Breiten herrschenden Klimabedingungen und Bodenverhältnisse geprüft werden.

Die Teichneuanlage wurde mit einer Umleitung des Heuchelbachs ermöglicht, die noch einen weiteren Kunstteich, den Neuen Teich, speisen sollte. Nach Aufzeichnungen der Forstkarten aus dieser Zeit erstreckte sich das Areal des Forstgartens über die heutige Elisabethenschneise hinweg bis zum Ferdinandsweg. Im Sinne der Gartenkunst gestaltet wurde jedoch nur der Teilbereich nördlich der Elisabethenschneise. Die bereits benannte Geometer-Aufnahme des Großen Tannenwalds von 1867 stellt in gleicher Detailtreue den Forstgarten dar (siehe auch Abb. 33).

Die Untergliederung des Gartens in verschiedene Pflanzinseln, die parallel zur Elisabethenschneise verlaufende Ahornallee, der Teich, der Standort des Teehäuschens und die Wasserzu- und -ableitung sind mit dem Lageplan auffindbar. Das kleine, an einem Weiher gelegene Teehaus lud die Mitglieder der landgräflichen Familie ein, in aller Abgeschiedenheit ihren Tee zu nehmen. Allerdings soll dieses Häuschen auch später ein beliebter Ort für Festivitäten gewesen sein.[52] Man mußte sich bei dem Aufseher des Gotischen Hauses melden, da das Gelände umzäunt und der Schlüssel im Gotischen Haus deponiert war. Nach der Landgrafenzeit ging das Waldgelände an das Land Hessen über.

1962 hat die Stadt Bad Homburg durch Tausch das Gelände des Forstgartens erworben, und schon 1963 wurden umfangreiche Instandsetzungsmaßnahmen an dem damals völlig verwilderten Waldstück vorgenommen:

*52. L. Schick, 1855*

*Abb. 38: „Forstgarten", kolorierter Aquatintastich von J. J. Tanner, 1838 aus „12 Ansichten der Residenz und Curstadt Homburg v. d. Höhe und ihrer Umgebung", Stadtarchiv Bad Homburg v. d. Höhe*

Wege wurden hergestellt, Brücken gebaut und durch Abholzungen Ausblicke geschaffen. 1970 sind 150 Nistkästen zum Vogelschutz angebracht worden.

Nach einer Kartierung von Mitgliedern der Dendrologischen Gesellschaft Frankfurt/M. 1999 sind auf dem Gelände 40 verschiedene Baumarten, wobei die ältesten dort wurzelnden Douglasien 170 Jahre alt sind. Bei den hier vorkommenden Gehölzen handelt es sich teils um heimische, teils um exotische Park- und Gartengehölze, die sich hier frei zu stattlichen Exemplaren entfalten konnten.

Gemäß § 2 Denkmalschutzgesetz wurde der Forstgarten als Einzeldenkmal aus kulturgeschichtlichen Gründen 1988 in die Liste der Kulturdenkmale eingetragen.

Bei dem lange Jahre für den Forstbetrieb genutzten ehemaligen Teehäuschen handelt es sich um das Originalgebäude aus der Landgrafenzeit. „Der Bodenbelag, die Seitenwände und Teile der Dachkonstruktion sind historischer Baubestand", wie die Untere Denkmalpflegebehörde 1996 festgestellt hat. Die neuzeitliche Giebelfront und der einheitliche Verputz auf allen Außenwänden führte zu der Schlußfolgerung, daß 1963 ein Neubau auf den alten Fundamenten erfolgt sein muß. Es gibt jedoch keine Planunterlagen, die das dokumentieren würden.

Eine 1999 durchgeführte Bestandsaufnahme mit bauhistorischer Untersuchung ergab, daß mit Ausnahme der Giebelfront alle sonstigen Bauteile aus der Entstehungszeit stammen. Die massiven Ziegelwände weisen in regelmäßigen Abständen Rundholzeinlagen auf. Sie dienten zur Annagelung von Brettern oder Leisten, auf denen eine Rindenverkleidung angebracht war. In Verbindung mit der vermutlich aus 4 Baumstämmen und naturbelassenem Astholz gestalteten Eingangsfront mit Tür und Fenstern dürfte der rustikale Gesamteindruck eines Borkenhäuschens bestanden haben. Vorgefundene bauliche Detailpunkte bestätigen, daß die Kupferstichdarstellung von 1838 von J. J. Tanner (Abb. 38) das Gebäude sehr realistisch wiedergibt.

Gegenüber früheren Absichten eines ersatzlosen Abrisses ist die Wiederherstellung das Teehäuschens als Informationspavillon nun festgelegt worden.

# Der Hirschgarten

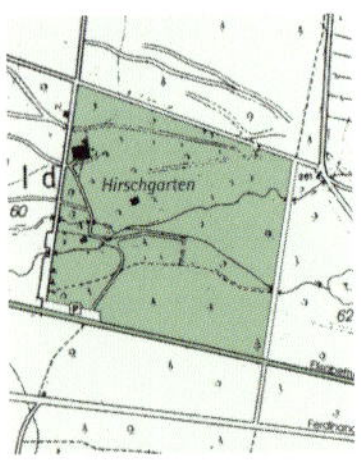


Schon im 17. Jahrhundert wurde das Gelände des heutigen Hirschgartens als Wildpark genutzt. Der „Tiergarten bei Stedten" diente als Laufplatz für das Wild und zu Jagdzwecken. In der „Hohen Mark" hatte der Waldbott, in diesem Fall die Landgrafen, das Recht zur Jagd, welches von allen Landgrafen gerne angenommen wurde. Die Unterteilung des Waldes erfolgte in der Region nach Waldmarken, die namentlich registriert wurden. Die Waldmarken sind Waldnutzungsgrenzen einzelner oder mehrerer Gemeinden.

Homburg zählte damals zur „Hohe-Mark-Gemeinschaft". Da der Wald trotzdem zu stark genutzt wurde, kam es 1813 zur Aufteilung der „Hohen Mark", so daß die einzelnen Gemeinden ein kleineres und übersichtlicheres Waldstück zu betreuen hatten. Sogar Friedrich V. Ludwig hat neben seinen geistigen Interessen „das Pürschen" nicht vernachlässigt. In dem von ihm angelegten Lusthain befanden sich das „fürstliche Jagdhaus" sowie ein Schießstand für „laufendes Wild".

Am 20.11.1820 wurde mit der Einrichtung eines „Kleinen Tiergartens" begonnen, der am 9.12.1820 schon fertiggestellt war. Der Großherzog von Hessen schenkte dem damaligen Landgrafen zur Eröffnung des Wildgeheges 12 Hirsche.[53] Der Kammerjunker und Wildmeister F. A. von Brandenstein legte am 24.3.1821 dem Landgrafen Friedrich VI. Joseph einen Entwurf zur Vergrößerung des Wildparks vor (Abb. 39).

Dieser bis in alle Einzelheiten durchgearbeitete Entwurf zeigt eine für die damalige Zeit ungewöhnliche planerische Genauigkeit und Übersicht. Der Eingang sollte vom Lindenweg erfolgen, ein rechts von der Elisabethenschneise abzweigender Weg, auf dem man heute bis zu der am Hirschgarten gelegenen Gartenwirtschaft hochfahren kann. An dieser Stelle war eine Jägerwohnung vorgesehen. Das in der Mitte der Anlage liegende Wiesental wurde von dem Hirschbach, späterhin in Heuchelbach umbenannt, durchflossen. Es ist ringsum von hohem Laubwald umgeben. Zum Forstgarten hin ist ein Kastanienwald eingezeichnet, „dessen Früchte zur Äsung des Wildes" dienen sollten, ebenso wie eine Bepflanzung der Wege nicht nur mit dem Auge durch Blüte und Blätter wohlgefälligen Holzarten, sondern auch mit Vogelbeeren, wilden Äpfel- und Birnbäumen und anderen fruchttragenden Obstbäumen vorgesehen war. Das Ganze sollte von einer massiven Umfassungsmauer umschlossen werden.

Ein bis ins Detail gehender Kostenvoranschlag war beigefügt, dem eine fachmännisch berechnete Tabelle des Zuwachses der verschiedenen Wildarten mit genauer Berücksichtigung der Verhältnisse von männlichem zu weiblichem Wild anlag. Die Ausführung dieses Entwurfs, jedoch mit umgebendem Holzzaun statt der Umfassungsmauer, wurde am 1.6.1822 begonnen und bereits im Oktober desselben Jahres beendet. Nicht ausgeführt wurde das vorgesehene Rondell mit den radialen Wegen, was sich für den malerischen Wiesengrund bis heute positiv auswirkte. Die endgültige Fertigstellung des großen Geländes dauerte noch bis 1840.

In der damaligen Zeit erregte eine solche Anlage großes Aufsehen. Die Wälder galten bei der Bevölkerung noch als halber Urwald, und es war ein gefährliches Unterfangen, sich darin zu bewegen. Mit Kutschen konnte man auf breiten Wegen bis in die Wildnis fahren und Hirsche ungefährdet beobachten. Ein Hauch von Spannung und Abenteuer lag über solchen Unternehmungen.

Die Brüder Blanc, Gründer der Homburger Spielbank, pachteten den Wildpark („Parc aux daims") von 1840 bis 1873. Nach der Übernahme der Anlage wurde das

*53. Stadtarchiv Bad Homburg v. d. Höhe, Kartenabteilung*

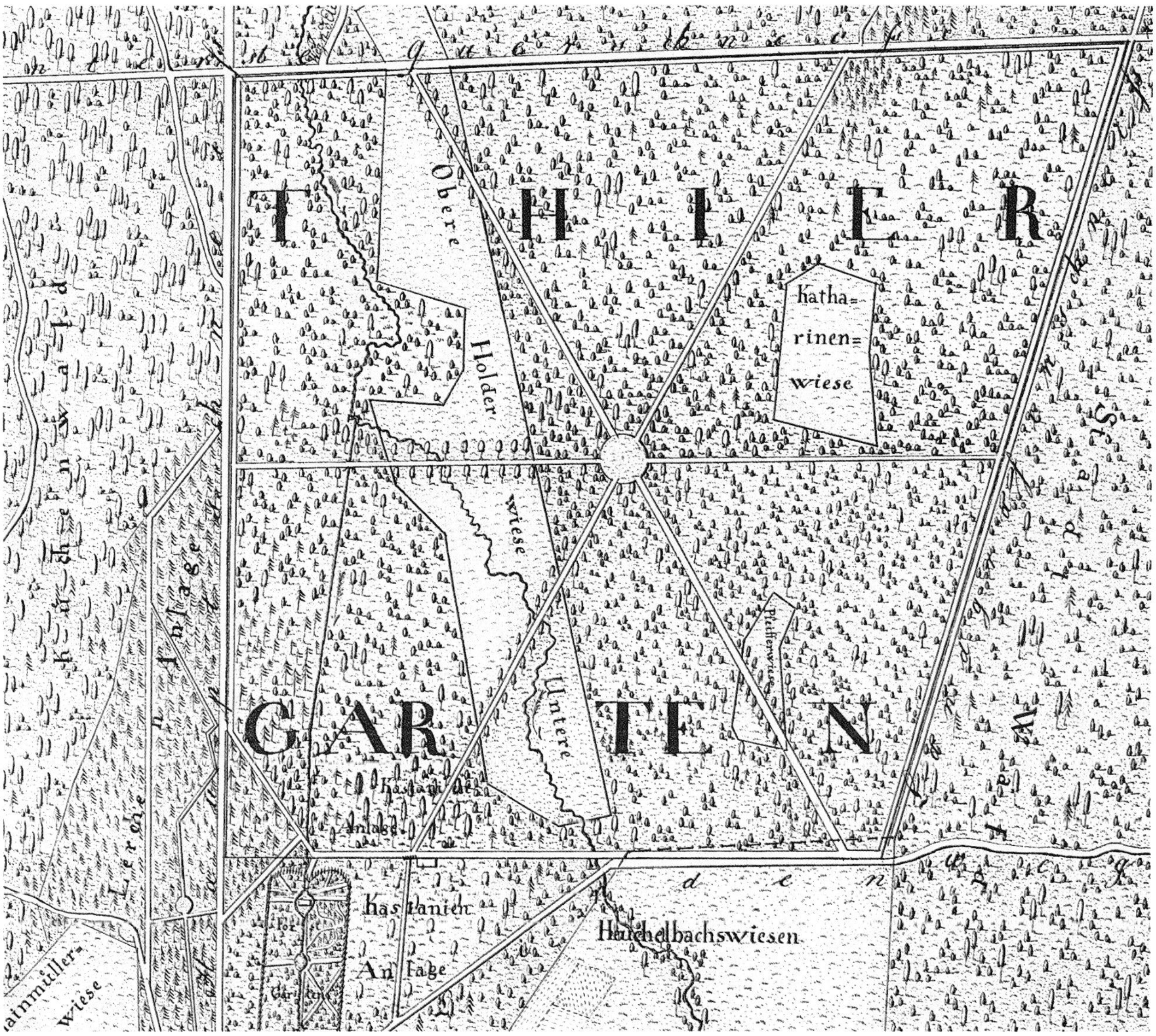


*Abb. 39:*
*Entwurfsplan*
*zum Hirschgarten von*
*Brandenstein, 1821,*
*Stadtarchiv*
*Bad Homburg v. d. Höhe*

„Pürschhäuschen" 1858 erneuert und eine Gastwirtschaft eingerichtet. Der Hirschgarten entwickelte sich zum beliebten Ausflugsziel. 1873 wurde der Park an die Stadt Homburg verpachtet.[54] Zu den ursprünglichen Anlagen sind jetzt noch ein Minigolfplatz und ein Parkplatz hinzugekommen. Die Anlage hat noch viel von ihrem ursprünglichen Charakter behalten.

*54. „Taunusbote" Nr. 207, 208/1932*

## Das Pürschhäuschen

*Seit der Wende zum 20. Jahrhundert gehörte der Hirschgarten zu den bevorzugten Ausflugszielen der Homburger Bevölkerung. Traditionsgemäß fand an Pfingsten ein Fest zu Ehren der Kinder statt, die jetzt die Schule verließen, nachdem sie konfirmiert wurden. Im Sommer lud die Kurgesellschaft die Kurgäste hierher zu „ländlichen Festen" ein.*

*Die zunehmende Popularität des Hirschgartens führte in den 30er Jahren zu Plänen seiner Erweiterung und Modernisierung. Der Heimatforscher Heinrich Jacobi warnte in der Presse folgendermaßen davor: „Der Hirschgarten ist in den letzten Jahren dank einer gut geführten, bescheidenen und ganz dem einfachen Wald-Charakter entsprechenden Wirtschaft wieder ein beliebter, noch viel zu wenig bekannter Ausflugsort geworden.*

*Abb. 40: Hirschgarten, F. Gailhöfer, Homburg, 1910 Postkarte von L. Klement, Stadtarchiv Bad Homburg v. d. Höhe*

*Von 1903 bis 1960 lag die Bewirtschaftung der anfangs primitiven Gaststätte in Händen der Familie Scheller. Vor 1936 gab es keinen Anschluß für Wasser, Gas oder Strom. Das benötigte Wasser zum Kochen und Spülen kam aus dem Bach, gekocht wurde mit Holz oder Kohle auf einem großen Herd. Von den Gästen begrüßt wurde die Umsetzung des Musikpavillons vom Kurpark in den Hirschgarten. Mit großen Glasfenstern versehen, war er bei Familienfesten besonders beliebt (Abb. 40).*

*Man verschone nun aber die Besucher wie die Hirsche mit modernen Konzerten, oder dem Großstadt-Café mit befrackten Kellnern; die passen nun einmal absolut nicht in den wohltuenden Waldesfrieden, den in solch turbulenten Zeiten wie die unsrigen der Taunusfreund wie der Ruhe bedürftige Kurgast so gern aufsucht".*

*Wie man unschwer erkennen kann, amüsierte sich auch schon die englische Hofgesellschaft sonntags beim Schubkarrenrennen im Hirschgarten (Abb. 41).*

Abb. 41:
Englische Hofgesellschaft im Hirschgarten um 1900, Stadtarchiv Bad Homburg v. d. Höhe

*1936/37 entstand ein neues Haus, das aus denkmalpflegerischen Gründen um das 115 Jahre alte Pürschhäuschen herum gebaut werden mußte. Da ein Stromanschluß noch immer fehlte, verschafften Petroleum und Gaslampen, die letzteren von Propangasflaschen gespeist, die nötige Helligkeit, während das Wasser vom Wassertank floß, der aber mindestens einmal am Tag per Hand vom nahegelegenen Pumpenhäuschen gefüllt werden mußte.*

*Erst nach dem Inkrafttreten des Vertrages über den Waldtausch zwischen dem Land Hessen und der Stadt Bad Homburg vom 1. Januar 1962 konnte die Kur-AG mit dem Neubau des Restaurants und eines Parkplatzes beginnen. Dabei verschwand der Bau von 1936 mitsamt dem in seinem Inneren steckenden Pürschhäuschen. Die früher freilaufenden Hirsche und Rehe mußten jetzt eingezäunt werden, da sie, angeblich aggressiv geworden, Besucher angriffen. Dafür müßten wohl weniger die Tiere als die immer zahlreicher dort anzutreffenden Menschen verantwortlich gemacht werden.*

# Die Buschwiesen mit Neuem Teich

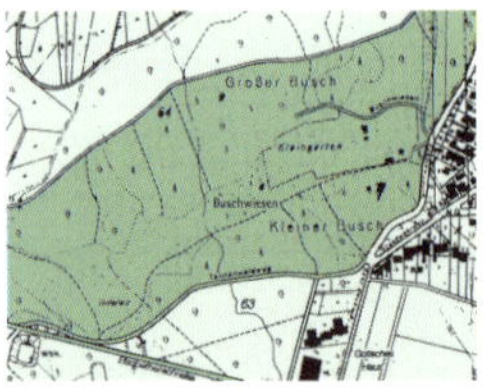

Mit der Begradigung und Planierung der Tannenwaldallee ab 1820 faßte der Landgraf Friedrich VI. Joseph den Entschluß, diese Achse bis in den Hochtaunus hinein fortzuführen. So wurde ab 1821 die Tannenwaldallee vom Gotischen Haus bis zum römischen Grenzwall Limes verlängert und ausgebaut. Landgraf Friedrich VI. Joseph ließ diese Maßnahme auf Wunsch seiner Gemahlin Elizabeth anordnen, deren Vorstellung eine Erweiterung der bestehenden Gartenlandschaft im Stil des Englischen Landschaftsparks unter Einbeziehung von Forst, Wasser, Weiden und sonstigen regionalen Ressourcen war. Die Anlage erfolgte auch, um eine bessere Verbindung zu dem in ein ehemaliges römisches Kastell eingebauten „Alten Jagdhaus“ zu haben, welches die Landgrafen seit dem 18. Jahrhundert nutzten. Es wurde ein Netz von Erschließungsschneisen im Wald geschaffen, mit deren Hilfe weitere Sehenswürdigkeiten und Gartenschöpfungen erschlossen werden konnten.

Die sich nördlich des Großen Tannenwalds anschließenden Buschwiesen sind als Wiesengrund bereits seit dem 17. Jahrhundert an gleicher Stelle vorhanden. Sie wurden im Zuge der Gestaltung eines Landschaftsparks in die Planung mit einbezogen und mit der Teichanlage des Neuen Teichs 1820 ergänzt.

Der Heuchelbach durchfließt den Wiesengrund der Buschwiesen und wird gesäumt von altem Baumbestand wie Eichen und einer Hainbuche aus der Entstehungszeit der Gartenlandschaft um 1800. Das historische Gelände wird heute als Grill- und Freizeitgelände genutzt.

# Der Elisabethenstein

*Abb. 42:*
*„Der Elisabethenstein bei Homburg vor der Höhe", 1846,*
*kolorierter Stahlstich nach einer Zeichnung von Wegelin aus: Album von Homburg vor der Höhe, Frankfurt a. M.*
*Thüringer Landesmuseum Heidecksburg Rudolstadt*

Folgt man der Elisabethenschneise vom Hirschgarten aus, so gelangt man an einen größeren Felsbrocken, den früheren „Eschbachstein“. Um die Schneise gerade bis zum Limes zu verlängern, mußten 1822 Teile des Felsens abgesprengt werden. Seitdem trägt er den Namen „Elisabethenstein“. Der Altan desselben, wie aus der Abbildung ersichtlich, diente als Ausflugsziel. Von dem höchsten Punkt des Felsens aus konnte man eine schöne Aussicht genießen (Abb. 42).

In der Fortführung der Elisabethenschneise sind über die zwei querenden Wasserläufe zwei Brückenbauwerke entstanden. Gleich hinter dem Elisabethenstein findet sich das erste von den im Andenken an den bei Groß-Görschen 1813 gefallenen Sohn des Landgrafen errichteten Denkmälern: die Leopoldsbrücke. Sie wurde 1823 über den Eschbach angelegt. Die Tonnengewölbebrücke aus Naturstein trägt unten in der Mitte des Gewölbes die Inschrift „Friedrich Joseph Sv. Landgraf z. H. Homburg d 15t N 1823". Damit verwies der Initiator, der souveräne Landgraf Friedrich VI. Joseph, auf den Einweihungstag, den 15. November 1823 (Abb. 43).

*Abb. 43: Leopoldsbrücke, Foto M. Kaiser, Ingenieurbüro, 1996, Stadtplanung Bad Homburg v. d. Höhe*

*Abb. 44: Landgrafenbrücke, Foto M. Kaiser, Ingenieurbüro, 1996, Stadtplanung Bad Homburg v. d. Höhe*

# Die Obeliskenschneise

*Abb. 45:*
*Tempel „Der stillen Tugend“ 1790,*
*später Leopoldstempel,*
*Zeichnung von Bogen,*
*Stadtarchiv*
*Bad Homburg v. d. Höhe*

Es folgt die Friedrich-Ludwig- oder Landgrafenbrücke über das „kalte Wasser“ (1828). Die Landgrafenbrücke war so viel Fuß lang, als der alte Landgraf Jahre zählte (71 Fuß, 11 Zoll = 21,92 m) (Abb. 44).

Im Zuge der Anlage der Elisabethenschneise wurden auch Seitenwege und andere Schneisen ausgebaut. In direktem Zusammenhang mit dem landgräflichen Haus steht die Obeliskenschneise, an der sich mehrere Sehenswürdigkeiten befinden.

Das Ende der Obeliskenschneise wird mit einem Obelisken markiert, der als Namensgeber diente.

## Der Leopoldstempel

*Am Anfang der Obeliskenschneise, die südlich der Elisabethenschneise und parallel zu dieser verläuft, stand 200 Jahre lang ein hölzerner Tempel im klassizistischen Stil mit fünf Säulen. Es handelte sich um jenen Tempel, dessen älteste Abbildung vom Jahr 1790 stammt und der von Landgraf Friedrich V. Ludwig „Der stillen Tugend“ gewidmet war (Abb. 45). Der Tod dieses jüngsten Familienmitglieds Leopold war der Anlaß, dieses kleine Bauwerk, das bis 1880 im Kreise von sieben mächtigen Eichen, den sieben Kurfürsten, stand, später umzuwidmen (Abb. 46).*

*Schlacht bei Groß-Görschen gefallen. In allen Stadtführern des 19. Jahrhunderts ist immer von einem Tempel die Rede, während spätere Schriften ausdrücklich den Leopoldstempel erwähnen. Diese Aufschrift mit den Jahreszahlen 1813 und 1913 läßt vermuten, daß erst seit dem 100. Todestag des Prinzen die neue Benennung eingeführt wurde. „Unser Tempelchen" nannten die Mädchen der Wandervogelbewegung kurz vor Ausbruch des Ersten Weltkriegs den Leopoldstempel, denn diesen hatten ihre Eltern in Ermangelung sonstiger Jugendheime von der Forstverwaltung gepachtet. Zur gründlichen Renovierung trug die Eisengießerei Metzger aus der Louisenstraße 140 durch Verstärkung einer Säule und Herstellung von eisernen Tischen und Bänken bei, während Malermeister Lepper aus der Löwengasse 7 das äußere Aussehen mit Farbe verbesserte. Damit die Jugendlichen hier übernachten konnten, wurden Strohsäcke ins Innere geschafft. Auf der Wiese vor dem Leopoldstempel übten die Mädchen ihre Volkstänze ein, und bei den Liederabenden im Wald, an denen vorwiegend Volksweisen aus dem „Zupfgeigenhansel" gesungen wurden, waren die Familienangehörigen dankbare Zuhörer. Vernachlässigung und Vandalismus führten zur Zerstörung dieses Erinnerungsbaues. Am 3. August 1973 stürzte der Leopoldstempel ein, seine Reste wurden entfernt (Abb. 47).*

*Abb. 46: Leopoldstempel, 1838, kolorierter Aquatintastich von J. J. Tanner, aus dem Album „12 Ansichten der Residenz und Curstadt Homburg vor der Höhe und ihrer Umgebung", Stadtarchiv Bad Homburg v. d. Höhe*

Abb. 47:
Leopoldstempel, 1933,
Stadtarchiv
Bad Homburg v. d. Höhe

## Der Obelisk

*Zur bevorstehenden goldenen Hochzeit des Landgrafenpaares Friedrich V. Ludwig und Caroline am 27. September 1818, erteilte Erbprinz Friedrich Joseph dem Frankfurter Stadtbaumeister J. F. C. Heß den Auftrag, ein Denkmal zu entwerfen. Erst am 12. Januar 1819 konnte der aus Wertheimer Sandstein geformte Obelisk an einem der Lieblingsplätze des Landgrafen aufgestellt werden. Obwohl sechs Tagelöhner von April bis Dezember des Jahres 1819 bei einem Lohn von 30 Kreuzern pro Tag und Mann tätig waren, ging die Arbeit nur langsam vonstatten. Geplant war, eine ansprechende Anlage im herrschaftlichen Küchengarten herzurichten und damit die ganze Umgebung zu verschönern. Wie man noch heute erkennt, ist dieser Obelisk unvollständig. Es fehlen die von Heß entworfenen Reliefs, die auf das Ereignis hinweisende Inschrift und die Gestaltung der direkten Umgebung. Im ursprünglichen Plan waren diese Elemente enthalten; warum sie nicht ausgeführt wurden, bleibt unbeantwortet (Abb. 48).*

*Die abseitige Lage führte in den Jahren nach dem Ersten Weltkrieg zur Beschädigung des Denkmals: Es war vom Sockel gestoßen und eine Anhöhe hinabgerollt worden. Nachdem sich lange niemand für die Wiederherstellung zuständig fühlte, brachten die Brüder Haller aus Homburg, ein Zimmermeister und ein Maurermeister, im Herbst 1929 den Obelisken in mühseliger Arbeit an seinen Platz zurück, wobei ein Stück davon verlorenging.*

# Weitere Sehenswürdigkeiten

Abb. 48:
Obelisk, 1905,
Stadtarchiv
Bad Homburg v. d. Höhe

*Weitere Sehenswürdigkeiten, die mit dem landgräflichen Haus in Verbindung stehen, finden sich in unmittelbarer Nähe der Obeliskenschneise.*

## Die Adelheidsteine

Abb. 49:
Einer der beiden
Adelheidsteine
an der Goldgrube,
Stadtarchiv
Bad Homburg v. d. Höhe

*Verwandtschaftliche Beziehungen zwischen der britischen Königsfamilie und dem hessen-homburgischen Landgrafenhaus, in erster Linie zur „englischen Landgräfin" Elizabeth, führten im Jahr 1825 zur Aufstellung zweier heute stark verwitterter Kleindenkmäler. Unmittelbar am Goldgrubenfelsen stehen im gegenseitigen Abstand von 100 Metern die beiden ca. 1,40 Meter hohen Sandsteine gleichen Aussehens. Namenspatronin ist Königin Adelaide von Großbritannien und Irland, die Gemahlin König Williams IV. und eine geborene Prinzessin Adelheid von Sachsen Meiningen (1792-1849). Auf ihre Herkunft verweisen die kaum noch wahrnehmbaren Rauten; auch der Hinweis „Adelheidsweg" ist fast verschwunden.*

*Als die Adelheid-Steine am 29. April 1825 hier aufgestellt wurden, war William noch nicht König, sondern sein Bruder George IV. Wie es zur Namensgebung kam, können wir nur vermuten. Fest steht, daß Elizabeths Bruder William und seine Frau Adelheid (Adelaide) im Sommer der Jahre 1819, 1822 und 1826 in Homburg zu Besuch waren. Vermutlich wollte die Landgräfin ihre Schwägerin auf diese Weise ehren und zugleich auf einen ihrer Lieblingsspaziergänge verweisen.*

*Eine andere Ehrung erfuhr diese durch die 1836 vorgenommene Benennung der südaustralischen Stadt Adelaide (Abb. 49).*

## Die Goldgrube

*Wenige Schritte von den Adelheidsteinen entfernt befindet sich der 420 Meter hohe Goldgrubenfelsen aus Taunus-Quarzit. Von hier aus hatte man im 19. Jahrhundert eine oft gepriesene Aussicht über die Mainebene mit Frankfurt bis zum Rhein und zur Bergstraße (Abb. 50).*

*Am Fuße des Felsens ist der Eingang zu einem 108 Meter langen und beinahe einen Meter breiten Stollen, dessen Alter nicht bekannt ist. Immer wieder wurde in der Vergangenheit hier nach Gold gesucht, was ihm seinen Namen Goldgrube gab. Der Verfasser eines Fremdenführers von 1844 sah diese Anlage, bis auf die Aussicht, recht realistisch, als er schrieb: „Beim Hinabsteigen findet man die Grube direkt unter den Felsbrocken. Ein Blick in ein schmutziges Loch ist die einzige Belohnung, es sei denn, Sie haben Glück und finden Gold, was bisher niemand finden konnte". An die Goldgrube schließen sich die Ringwälle eines keltischen Oppidums an, die allerdings bei den Landgrafen keine Erwähnung finden.*

*Abb. 50: „Die Goldgrube bei Homburg vor der Höhe", Aquatinta um 1850, J. J. Tanner (1807-1862), aus: „Album von Homburg vor der Höhe": „12 Ansichten der Residenz und Curstadt Homburg v. d. Höhe und ihrer Umgebung", Frankfurt a. M., 1846, Thüringer Landesmuseum Heidecksburg Rudolstadt*

*Abb. 51:*
*„Der Leopolds-Stein";*
*Aquatinta von J. J. Tanner, 1838,*
*Museum Gotisches Haus in Bad Homburg v. d. Höhe*

## Der Leopoldstein

*Den Gedanken, seinem 1813 in den Freiheitskriegen in der Schlacht bei Groß-Görschen gefallenen jüngsten Bruder Leopold ein Denkmal zu errichten, faßte Prinz Gustav. Seine Schwägerin, die „englische Landgräfin" Elizabeth, erteilte dem Bildhauer Tüchert den Auftrag zu einer auf einem wurfelförmigen Steinblock stehenden Urnenvase. Dieser trägt die Inschrift „Geboren den 10ten Februar 1797, Geblieben am 2ten May 1813".*

*Die Trauer-Urne, wie man sie nannte, fand am 29. April 1825 ihre Aufstellung an der Elisabethenschneise zwischen Leopoldsbrücke und Landgrafenberg. Der Überlieferung zufolge war am 10. Todestag Leopolds an dieser Stelle eine Gedächtniseiche gepflanzt worden, die Aufstellung der Urne war also nicht willkürlich gewählt.*

*Im Laufe der Jahre entwickelte sich dieser Baum zu einer malerisch aussehenden knorrigen Eiche (Abb. 51). Wiederholte Beschädigungen veranlaßten die Verwaltung der Staatlichen Schlösser und Gärten, die Gedächtnisurne 1972 in den unteren Schloßgarten zu versetzen, wo sie seither in Sichtachse zwischen Tannenwaldallee und Schloß und in der Nähe des Ausgangstors zur Altstadt steht.*

# Wasser in der Gartenlandschaft

Wie in allen prosperierenden historischen Gartenlandschaften bleibt Wasser das belebende und verbindende und letztlich prägende Element. Nach dem Gesetz des Minimums kann kein Garten, keine Landschaft entstehen, wenn der Wasserhaushalt nicht ausreichend vorhanden ist.

Bad Homburg v. d. Höhe verfügte seit jeher über ein besonders großes Wasservorkommen. Da waren nicht nur die Hänge des Taunus, die genügend Regenwasser sammelten und in kleinen Bächen und Gräben Richtung Tal beförderten, sondern auch noch ein zusätzlicher Reichtum an Quellen. Wobei der Reichtum an Heilquellen hier außer acht gelassen wird.

Ende des 19. Jahrhunderts hat man mehrere Stollen in die Taunusberge getrieben, um die Trinkwasserreserven zu erhöhen. Bis heute liegen hier große Wasserreservoirs vor, die mehr als die benötigte Menge fördern könnten.

Anfang bis Mitte des 20. Jahrhunderts wurden zahlreiche von den Taunushängen abfließende Wasserläufe begradigt und unter die Erde verlegt. Dies ging einher mit einer Zunahme des Wasserverbrauchs durch die erhöhte Nutzung technischer Geräte und durch gestiegene Hygieneanforderungen. Letztlich wird ein seit 10 Jahren rapide sinkender Grundwasserspiegel auch in Bad Homburg verzeichnet. Im Folgenden beleuchten wir den früheren Wasserreichtum der Region.

## Die Bachläufe

Der Dornbach, der Heuchelbacher und der Lohrbach sind von besonderer Relevanz für das Wassersystem der Gartenlandschaft.

Mittels dieser drei im Taunus entspringenden Bäche, die allesamt auf das Bad Homburger Schloß zulaufen, war die Versorgung der Teichanlagen der Landgräflichen Gärten gewährleistet.

Wie man der beiliegenden historischen Gewässerkarte (K4) entnehmen kann, speiste der Heuchelbach den Teich des Forstgartens und den Neuen Teich und floß in einem weiteren Abzweig sogar noch durch die Teiche des Großen Tannenwalds, um sich an dessen Ausgang mit dem Lohrbach zu vereinen.

Der Dornbach hingegen fließt südlich der Gartenlandschaft entlang des Forellengutes, speiste die früheren Wassermühlen und mündete dann in den Schloßteich ein. Ein Abzweig des Dornbachs auf der Höhe der früheren Prökenmühle soll auch noch den Teich im Kleinen Tannenwald gespeist haben.

Der frühere Lohrbach verläuft heute zum Großteil unterirdisch, und es gibt unterschiedliche Ansichten zu seinem historischen Verlauf. Er soll am Ausgang des Großen Tannenwalds auf der Höhe der heutigen Reformfachschule seinen Ausgang genommen haben und dann mittels verschiedener kleiner Gräben in den Teich des Kleinen Tannenwalds und von dort aus auch in den Schloßteich geflossen sein.

Diese kleinen Bachläufe, die die Gartenlandschaft in ihrem Verlauf vom Taunus bis zum Bad Homburger Schloß umfaßten und begleiteten, sind ein unverzichtbares Qualitätsmerkmal des historischen und heutigen Landschaftsraums.

## Die Teiche der Gartenanlagen

Die einstigen zehn Teichanlagen verteilten sich folgendermaßen: drei Teiche im Schloßpark, einer im Kleinen Tannenwald, vier im Großen Tannenwald, der Forstgartenteich und der Neue Teich.

Davon sind lediglich noch der große Teich im Schloßpark, der Forstgartenteich und der Neue Teich wasserführend erhalten. Die Teiche des Großen und Kleinen Tannenwalds sind in ihren Strukturen im Gelände zwar erkenn-

*K4:
Historische Gewässerkarte, von Bad Homburg v. d. Höhe und seiner näheren Umgebung 1993, Stadtarchiv Bad Homburg v. d. Höhe*

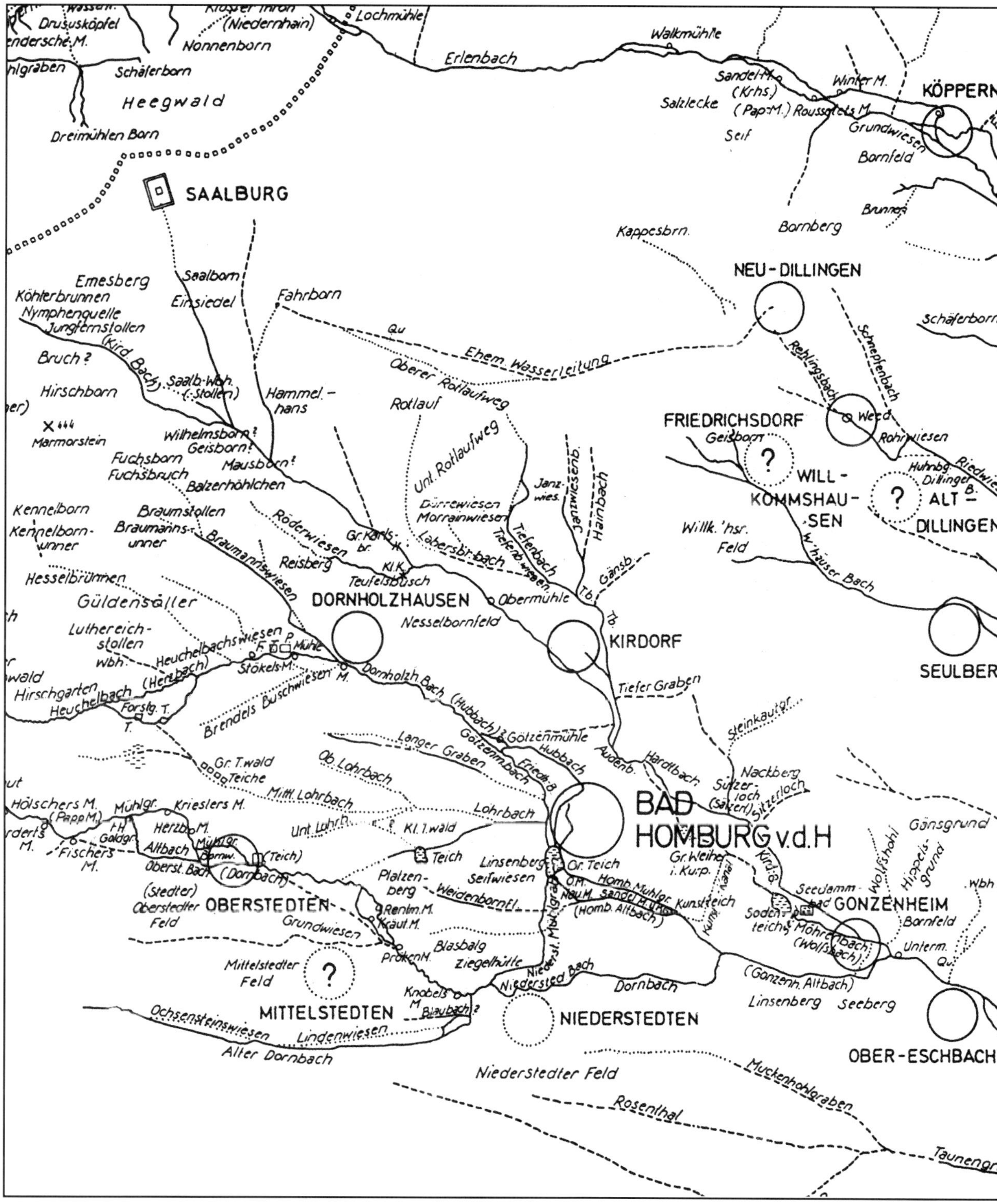
Lochmühle
Nonnenborn
Schäferborn
Heegwald
Dreimühlen Born
Erlenbach
Walkmühle
KÖPPERN
Salzlecke
Seif
Grundwiesen
Bornfeld
SAALBURG
Kappesbrn.
Bornberg
NEU-DILLINGEN
Emesberg
Köhlerbrunnen
Nymphenquelle
Saalborn
Einsiedel
Fahrborn
Schäferborn
Ehem. Wasserleitung
Oberer Rotlaufweg
Rotlauf
Hammel.-hans
Hirschborn
Marmorstein
Wilhelmsborn?
Geisborn?
Mausborn?
Fuchsborn
Fuchsbruch
Balzerhöhlchen
Unt. Rotlaufweg
FRIEDRICHSDORF
WILL-KOMMSHAU-SEN
ALT-DILLINGEN
Kennelborn
Braumstollen
Röderwiesen
Hainbach
Willk.'hsr. Feld
Reisberg
Teufelsbusch
Hesselbrünnen
Güldensöller
DORNHOLZHAUSEN
Obermühle
Nesselbornfeld
KIRDORF
SEULBERG
Luthereich-stollen
Heuchelbachswiesen
Hirschgarten
Heuchelbach
Dornholzh. Bach (Hubbach)
Tiefer Graben
Brendels Buschwiesen
Gölzenmühle
Langer Graben
Steinkautgr.
Gr. T.wald Teiche
Ob. Lohrbach
Mittl. Lohrbach
Hardtbach
Nackberg
BAD HOMBURG v.d.H
Hölschers M.
Kriesters M.
Lohrbach
Kl. T.wald
Gänsgrund
Altbach
Teich
Linsenberg
Seifwiesen
Gr. Teich
Fischers M.
OBERSTEDTEN
Oberstedter Feld
Platzenberg
Weidenborn
GONZENHEIM
Bornfeld
Grundwiesen
Blasbalg
Ziegelhütte
Unterm.
Mittelstedter Feld
Niederstedter Bach
Dornbach
(Gonzenh. Altbach)
MITTELSTEDTEN
NIEDERSTEDTEN
Linsenberg
Seeberg
Ochsensteinswiesen
Lindenwiesen
Alter Dornbach
OBER-ESCHBACH
Niederstedter Feld
Muckenhohlgraben
Rosenthal

bar, führen aber nur noch jahreszeitlich bedingt Wasser. Der Wasserzulauf im Großen Tannenwald erfolgte über einen Abzweig des Heuchelbachs, der schon seit vielen Jahren stets weniger Wasser führt. Das heutige Wasseraufkommen der Bachläufe würde nicht ausreichen, um die verbliebenen drei großen Teiche des Großen Tannenwalds zu speisen. Daher müßten alternative Wasserzufuhrmöglichkeiten ermittelt werden.

Im Kleinen Tannenwald hingegen ist eine Wiederherstellung der früheren Wasserzufuhr möglich, da eine Wasserableitung in den Teich aus dem Lohrbachsystem und mit der aus Oberstedten kommenden schloßeigenen Wasserleitung zu reaktivieren wäre (siehe auch Abb. 28).

## Die Wassermühlen

Südlich der Obeliskenschneise verläuft das „Kalte Wasser", der spätere Dornbach, der das historische Forellengut speist und die einstigen Wassermühlen durchfloß.

Die früheren Fruchtmühlen hatten schon zu allen Zeiten sowohl mit Wassermangel als auch mit Finanzierungsproblemen zu kämpfen. Eine wichtige Rolle spielte hier auch die „Verschwendung der Bachgewässer für die Teiche in den Landgräflichen Gärten". Alle Mühlen wandelten sich späterhin zur Existenzsicherung in Papiermühlen um. Trotzdem konnte keine der Mühlen als solche überleben.

Das einzige Gebäude, das die Erinnerung an seine Mühlenvergangenheit bis heute aufrechterhält, ist die Hardertsmühle, heute ein Hotel. Die Mühlen haben zu allen Zeiten in dieser Region eine ganz wesentliche Rolle gespielt. An ihrem Schicksal lassen sich gesellschaftliche und soziale Entwicklungen und das Zeitalter der Industrialisierung festmachen. Da die meisten Mühlenbesitzer dem Landgrafen als Lehnsherrn unterstanden, waren wegen der Wassernutzungsrechte ständige Konflikte nicht zu vermeiden. Die Standorte der früheren Wassermühlen bleiben ein Signet dieser Region.

# Resümee

Die Homburger Gartenlandschaft entwickelte sich im Verborgenen entlang einer bedeutungsvollen Achse unter der Obhut prominenter Kenner der zeitgenössischen Gartenkunst. Fantasievolle und aufgeschlossene Frauen des Landgrafenhofes erkannten die Schönheit dieser Landschaft und wirkten auf Ihre Gestaltung ein.

Bis heute gibt es immer wieder Antworten und bleiben aber auch genausoviel Fragen. Kleine Geheimnisse gilt es nach wie vor zu entdecken und einzufügen in das beeindruckende Ganze. Die Freude, an dieser bedeutungsvollen Entwicklung teilhaben zu dürfen, und die Achtung vor dem Überkommenen ist allen damit befaßten Personen zu eigen und hilft, dieses Zeugnis vergangener Zeiten zu erhalten und zu schützen.

Dieses Buch stellt einen weiteren Beitrag dar, die Bedeutung dieses landschaftlichen Kulturguts einer breiteren Öffentlichkeit bekanntzumachen.

„Die Anlagen des Gartenreichs sind wie Perlen auf einer Kette angeordnet; das Wichtigste sind jedoch nicht dic Perlen, sondern ist der Faden". (H. Günther, Potsdam, 1994)[55]

*55. H. Günther, 1983, mdl. zit. in „Das Dessau-Wörlitzer Gartenreich", 2000*

*Abb. 52: „Die Luthers Eiche bei Homburg vor der Höhe", kolorierter Stahlstich nach einer Zeichnung von Wegelin aus: Album von Homburg vor der Höhe, Frankfurt a. M. , 1846, Thüringer Landesmuseum Heidecksburg Rudolstadt*

# Quellenverzeichnis

## Quellen und weiterführende Literatur - Bücher und Schriften


*Alt-Homburg* Aus dem Tagebuch von Dr. Friedrich Rolle (1963/2)
Der Homburger Tannenwald und seine Allee (1963/1)

*Baatz, D.* Der Römische Limes, Berlin 1975

*Baeumerth, A.* 1200 Jahre Bad Homburg v. d. Höhe, Bad Homburg v. d. Höhe 1982,
Es wimmelt von Fremden aller Nationen, Marburg 1984

*Bethge, I.* Rund um den Weißen Turm, Bad Homburg v. d. Höhe 1973

*Biehn, H.* Residenzen der Romantik, München 1970, Der Taunus, Essen 1957

*Buchwald, K., Hrsg.* Handbuch für Landschaftspflege und Naturschutz, München o. J.

*Bührle, S.* Die Alleen im Barock. Das Gartenamt 2/1988, S. 75 ff.

*Clifford, D.* Geschichte der Gartenkunst, München 1966

*Däumel, G.* Über die Landesverschönerung, Geisenheim 1961

*Dezallier D'Argenville, A. J.* La theorie et pratique du jardinage, Paris 1760

*Dennerlein, I.* Die Gartenkunst der Régence und des Rokoko in Frankreich, Worms 1981

*Deutscher Heimatbund* Leitfaden zum Schutz und zur Pflege historischer Parks und Gärten
Band 4, Bonn 1985

*Esche, F.* Herkunft und Vergleich der ältesten Abbildungen von Burg und Stadt
Homburg v. d. Höhe, o. O., o. J.

*Feigen, C.* Geschichte der Stadt Bad Homburg v. d. Höhe, Bad Homburg v. d. Höhe, 1921

*Gamer, J.* Allee und Boskett als Gartenelemente, Vortragsmanuskript,
Schwetzingen 1987.
Rekonstruktionshilfen durch zeitgenössische Quellen. Das Parterre,
Referat der Fachtagung Sanierung und Rekonstruktion Historischer
Gärten, Ludwigsburg 1978

*Garten und Landschaft* Gartendenkmalpflege 5/1988

*Görich, B.* Taunus-Übergänge und Wetterau-Straßen im Vorland von Frankfurt,
Bad Homburg v. d. Höhe 1954

*Grothaus, J.* Gesamtkunstwerk Insel Potsdam, Diplomarbeit, Kaiserslautern 1992

*Günter, H.* Peter Joseph Lenné, Berlin 1991
Der Dessau-Wörlitzer Kulturkreis in ICOMOS-IFLA-Kongreß
Zurück zur Natur, Fulda 1994

*Hamel, J. G.* Rückblick auf Homburgs Vorzeit, Bad Homburg v. d. Höhe 1833

*Handke, E.* Landgräfin Elizabeth und das Gotische Haus, Bad Homburg v. d. Höhe,
1985, Neueröffnung des Gotischen Hauses, Alt Homburg (1985/3)

*Hannsmann, W.* Gartenkunst der Renaissance und des Barock, Köln 1983

*Hennebo, D.* Geschichte der Gartenkunst Band II, III, Stuttgart 1985

*Hessischer Heimatbund* Sonderheft Bad Homburg v. d. Höhe, Hessische Heimat 1982 Heft 1/2

| | |
|---|---|
| *Hirschfeld, C.* | Theorie der Gartenkunst, Fünfter Band Leipzig 1785 |
| *Hönes, E. R.* | Historische Gartenanlagen im Spannungsfeld zwischen Naturschutz und Denkmalpflege in „Historische Gärten als Rechtsfrage": Symposium Wien 2000,<br>Handblatt zur Tagung des Deutschen Heimatbundes, 1981, „Landschaftspflege und Denkmalpflege", Informationsdienst Deutscher Heimatbund, (12/1981) |
| *Jacobi, H.* | Homburg unter der englischen Landgräfin und sein Aufstieg zur Stadt. Sonderdruck des „Taunusboten" Bad Homburg v. d. Höhe 1937, Nr. 180-196<br>Goethes Lila, Mitteilung des Vereins für Geschichte und Landeskunde (XXV), Bad Homburg v. d. Höhe 1957<br>Goethe und Homburg, o. O., o. J. Die Gartenkunst in Homburg, unveröffentlicht, undatiert.<br>Führer durch das Römerkastell Saalburg bei Homburg v. d. Höhe, Homburg v. d. Höhe 1905<br>Das Schloß im 19. Jahrhundert, unveröffentlichtes Manuskript eines Vortrages, im Stadtarchiv Bad Homburg v. d. Höhe 1920 |
| *Jacobi, L.* | Grenzmarkierungen am Limes o. O. 1895 |
| *Junker, S.* | Sanierungskonzept für die Tannenwaldallee und die an ihr gelegenen Lustgärten in Bad Homburg v. d. Höhe, Diplomarbeit FH Wiesbaden 1988 |
| *Junker, S.* | Die Entwicklungsgeschichte des Schloßparks Bad Homburg v. d. Höhe, Parkmonographie 1989, Verwaltung Schlösser und Gärten, Hessen |
| *Junker-Mielke, S.* | Bestandsaufnahme der Gartenlandschaft Bad Homburg 1999, Stadtverwaltung Bad Homburg v. d. Höhe |
| *Keller, H.* | Kleine Geschichte der Gartenkunst Berlin-Hamburg 1976 |
| *Kiesow, G.* | Das Gotische Haus und sein Stellenwert in der Denkmalpflege, Alt Homburg (4/1985) |
| *Knodt, M.* | Die Regenten von Hessen-Darmstadt, Darmstadt 1977 |
| *Kargh, G.* | Denkmalschutz und Naturschutz – Erfahrungen und Möglichkeiten in der Zusammenarbeit, Internationales Symposium „Historische Gärten und Anlagen", Stuttgart 1975 |
| *Kummer, M./Lauterbach, I.* | Parterregestaltung im 18. Jahrhundert, Ludwigsburg 1986 |
| *Ladendorf, H./Zimmermann* | Arnoldum Hildebrandum, Bad Homburg v. d. Höhe 1959 |
| *Lotz, F.* | Geschichte der Stadt Bad Homburg vor der Höhe, Bd. II, Frankfurt/M. 1972 |
| *Lutze, M.* | Unsere historischen Gärten, Frankfurt/M. 1986 |
| *Lübbecke, F.* | Kleines Vaterland Homburg vor der Höhe, Frankfurt am Main 1956 |
| *Mathieu, K.* | Erstes Gartendenkmalpflegeseminar, Frankfurt 1987 |
| *Miedel, H.* | Bilder und Dokumente aus 1200 Jahren, |

*Miedel, H.* Bad Homburg v. d. Höhe 1982
Bad Homburg v. d. Höhe 1782-1982
Bad Homburg v. d. Höhe 1983

*Mrass, W.* Landschaftspflege und Denkmalpflege, Informationsdienst Deutscher Heimatbund (12/1981)

*Nath-Esser, M.* Frankfurt/Main 1987

*Neurologische Klinik Bad Homburg v. d. Höhe* Festschrift zum 50jährigen Bestehen des Vereins Hirnverletztenheim, Frankfurt/M. 1977

*Rock, M.* Zurück zur Natur in ICOMOS-IFLA-Kongreß, Fulda 1994

*Rohde, C. M.* Wasserwirtschaft in Bad Homburg v. d. Höhe, Hrsg. Verwaltung Schlösser und Gärten Hessen, Bad Homburg v. d. Höhe 1993

*Rowedder, E.* Der Große Tannenwald in Mitteilungen des Vereins für Geschichte, Heft 43, Bad Homburg vor der Höhe 1994

*Schäfer, J.* Bad Homburg und seine Umgebungen, Darmstadt 1864

*Schepers, W.* Hirschfelds Theorie der Gartenkunst 1779-1785, Worms 1980

*Schick, F.* Homburg und Umgebung, o. O. 1891

*Schick, L.* Führer durch Homburg, o. O. 1855

*Schudt, J. G.* Homburg und seine Umgebungen, o. O. 1862

*Schumacher, H./Strauss, J.* Das ganze Land ein Garten, Potsdam 1998

*Schwenecke, W.* Bekannte und unbekannte Gärten – Gartenschicksal zwischen Verfall und Erneuerung, Informationsdienst Deutscher Heimatbund (12/1981)

*Skalweit, S.* Der Homburger Landgrafenhof. Homburg vor der Höhe in der deutschen Geistesgeschichte, Stuttgart 1981

*Taunusklub* Taunusführer, o. O. um 1900 (Stadtarchiv Bad Homburg v. d. Höhe)

*Trauzettel, A./Ringkamp, C.* „Das Dessau-Wörlitzer Gartenreich", Hrsg. Stadt Wörlitz, Kulturstiftung Dessau-Wörlitz 2000

*Verein für Geschichte und Landeskunde* Bilder aus dem alten Homburg, Bad Homburg v. d. Höhe 1977

*Vereinigung der Landesdenkmalpfleger i.d. Bundesrepublik Deutschland* Alleen – Gegenstand der Denkmalpflege, Berlin 2000

*Walsh, G.* Von der königlichen Prinzessin zur Landgräfin „Ich schreibe, lese, male ohne Unterlaß ...", Hrsg. Museum der Stadt Bad Homburg v. d. Höhe, 1995

*Witzel, H. J.* Die Tannenwaldallee – eine Landgräfliche Familienallee (Vortragsmanuskript), Bad Homburg v. d. Höhe 1985

## Archivalische Quellen


1. Stadtarchiv Bad Homburg v. d. Höhe

| | |
|---|---|
| Kartenabteilung: | K II A 1.2a |
| | K II A 1.4a |
| | K II A 1.7a |
| | K III A 1.2b |
| | K III A 1.13 |
| Baupläne: | Nr. 168 |
| | Nr. 18 |

2. Hauptstaatsarchiv Wiesbaden

| | |
|---|---|
| Kartenabteilung 3011: | Nr. 1411 |
| | Nr. 3026 |
| | Nr. 1404 |
| | Nr. 1264 |
| | Nr. 750 |
| | Nr. -31 |

3. R. Michel, Obereschbach (Einsichtnahme 1988): Nachlaß Erich Henschel

### Sonstige Textquellen

„Die Fürsten von Schwarzburg-Rudolstadt", Hrsg. Thüringer Landesmuseum Heidecksburg Rudolstadt 1998

„Die Potsdamer Kulturlandschaft" in Arbeitshefte des Brandenburgischen Landesamtes für Denkmalpflege, Nr. 2, Potsdam 1993

| | | |
|---|---|---|
| „Taunusbote": | 1935 | (Nr. 276) |
| | 1936 | (Nr. 262) |
| | 1937 | (Nr. 20, 21, 36) |
| | 1953 | (Nr. 4) |
| | 1955 | (Nr. 190) |
| | 1956 | (Nr. 285) |
| | 1958 | (Nr. 298, 103) |
| | 1959 | (Nr. 91) |
| | 1967 | (Nr. 126) |
| „Taunuskurier": | 1970 | (Nr.12, 13.II.) |
| | 1980 | (10. XII.) |
| | 1983 | (18.I., 19.I., 29.I.) |

### Weitere Archive

Schloßmuseum Rudolstadt/Thüringen: Nachlaß der Caroline Louise von Hessen-Homburg

Schloßmuseum Oranienbaum, Wörlitz: Nachlaß der Louise Friederike und Amalie von Hessen-Homburg

Anhaltisches Landesarchiv in Dessau: Nachlaß der Louise Friederike und Amalie von Hessen-Homburg

Schloßmuseum Greiz: Nachlaß der Landgräfin Elizabeth, Prinzessin von England

Plankammer Stiftung Preußische Schlösser und Gärten, Berlin-Brandenburg

### Quellenverzeichnis zu Beiträgen von Gerta Walsh

*Forstgarten:*
HStA Wiesbaden Abt. 314 Nr. 1354

*Kleiner Tannenwald:*
Letters of Princess Elizabeth of England, Daughter of King George III. and Landgravine of Hesse Homburg, Hrsg. Philip Yorke, London 1898

Francis Coghlan, A Picture of Homburg und its Environs, London 1844

Guide de Hombourg-es-Monts, Publié par le Kurverein Hombourg, Homburg 1871

Fritz Schick, Guide to Homburg and its Vicinity, Bad Homburg 1891

Louis Schick, Der Führer durch Bad Homburg und seine Umgebungen, Homburg 1855

Offizieller Taunus-Führer, herausg. vom Taunusklub in Frankfurt a. M., Frankfurt a. M. 1910

*Tannenwaldallee:*
Johann Georg Hamel, Historische Bruchstücke aus Homburgs Vorzeit, XIII. Teil, Stadtarchiv EI 6/6

Taunusbote Nr. 147, 27. Juni 1921

*Louis-Garten:*
Hessen-Homburgisches Amts- und Intelligenz-Blatt, 10. Juli 1853

Georg Schudt, Die Kaltwasser-Heilanstalt „Pfingstbrunnen" In: Der Taunusbote, 31. August 1862

Zur Baugeschichte des Königlichen Schlosses zu Homburg v. d. Höhe Eintragung von 1904. FAZ 3. April 1992

*Hirschgarten:*
Evamarie Bonk, Erinnerungen an den alten Hirschgarten, in: Alt Homburg 1990/6

*Gustavsgarten:*
Stadtarchiv E II (ig) 4.9

Mitteilung von Frau Edeltraut Dettmar, Gemäldegalerie Dessau am 21. März 2001

*Waldtausch:*
Magistratsakten der Stadt Bad Homburg v. d. Höhe Nr. 239073, 239074

*Leopoldstempel:*
Dora Scholz, Unser Tempelchen, in: Alt Homburg 1989/2. Bad Homburg v. d. Höhe

## Kartenverzeichnis

*K1*
Katasterplan von F. Lotz, 1822-26, Katasteramt Bad Homburg v. d. Höhe

*K2*
Historischer Bestandsplan Gartenlandschaft Bad Homburg v. d. Höhe 1999, Stella Junker-Mielke

*K3*
Stammtafel des Landgrafenhauses „Ich schreibe, lese, male ohne Unterlaß ...", Museum im Gotischen Haus 1995, Bad Homburg v. d. Höhe

*K4*
Historische Gewässerkarte, von Bad Homburg v. d. Höhe und seiner näheren Umgebung 1980, Michel R., Stadtarchiv Bad Homburg v. d. Höhe

*Übersichtsplan*
Maßstab 1: 5000, verkleinert,
August 2001, Stella Junker-Mielke

## Anlagenverzeichnis

*A1*
„Tempé", Gedicht des Landgrafen Friedrich V. Ludwig vom 16.5.1773. Verein für Geschichte und Altertumskunde zu Bad Homburg v. d. Höhe XVII. Heft der Mitteilungen 1932

*A2*
Topographische Karte, Aufnahme 1907 mit Nachträgen von 1928, Maßstab 1: 25.000, Staatsbibliothek Unter den Linden, Berlin; Kartenabteilung

# Tempé

Wann Roth und Purpur noch das Zelt von Saphyr decken,
Und ein Christallner Thau die niedre Fluren netzt!
Wann froh und sorgenlos, wann frey von Furcht und Schrecken
Den Landmann auf der Au der heitre Tag ergötzt!
Und wenn der Vögel Schaar durch seine muntre Töne
Den Menschen oft beschämt, und seinem Schöpfer singt!
Wenn endlich schwer vom Gram / das Loos der Glückes-Söhne /
Der Matte Sklav´ des Hofs kaum in die Federn sinkt!
So eil´ ich Tempé zu, mich vor der Menschen Tücken
Und vor dem schwülen Tag im voraus zu erquicken!

Zwar ists kein Tempé nicht, wie uns die Dichter mahlen,
Hier ist kein Griechenland, und kein thessalisch Feld,
Kein steiler Götterberg, nicht falsche Gottheits Strahlen,
Kein Licht, das vom Olymp ins Thal hernieder fällt!
Die Sonne scheint uns hier auf alter Tannen Spitze
Und wirft ihr wärmend Licht durch kleinres Laub herein!
Dort steht ein Aespenbusch, wo bey der größten Hitze
Die zarten Blätter doch stets in Bewegung seyn.
Dort sieht man einen Stamm mit rothen Früchten stehen,
Hier Eichen, die schon längst Jahrhunderte gesehen!

Nie blieb ich fühllos stehn bey den betagten Eichen,
Es kommt mir jederzeit ein heiliger Schauer an!
Mich deucht, das Altertum das ließ sie uns als Zeichen,
So groß, so stark wie sie, so that und dachte man!
Mich dünkt, ich säh mit Gold in jedem Stamm geschrieben,
Und jeder Ast rief uns mit alter Stimme zu:
„Bleibt Einig, Treu und Fromm, wie eure Väter blieben!"
„Sucht in der Arbeit Lust, und in der Tugend Ruh!"
„Auf daß wir, wenn dereinst die Nachtwelt euch wird schätzen,"
„Euch euren Enkeln noch zum Beyspiel können setzen!"

In einem Schatten dort, wo sich die Abend-Röthe
Durch finsteres Gebüsch nur ganz zertrennet zeigt,
Dort wo die Cedern stehn, die ich vor kurzem säte,
Und wo das Lerchen-Holz von Jahr zu Jahr steigt:
Dort steht ein einsam Haus, wo fern von Gram und Freude
Mit Carolinen mir manch holder Tag verging!
Nicht Pracht, nicht Armutsbild findt man in dem Gebäude,
Hier ist nichts übermacht und auch nichts zu gering.
Reich oder Arm zu seyn, das werd ich niemals wählen,
Denn Pracht, die schwellt zu sehr, und Armuth beugt die Seelen!

*Anlage A1*
*„Tempé"*
*Gedicht des Landgrafen Friedrich V. Ludwig*
*vom 16.5.1773,*
*Verein für Geschichte und Altertumskunde*
*zu Bad Homburg v. d. Höhe*
*XVII. Heft der Mitteilungen 1932,*
*Stadtarchiv Bad Homburg v. d. Höhe*

Und will man ferner noch von dem Geräusche leben,
So ist ein schwarzer Ort, ein Bild der Einsamkeit.
Da steht ein Hütgen drein, von Grünem ganz umgeben,
Nie brach ein Sonnenstrahl durch diese Dunkelheit!
Nichts stöhrt den Frieden hier an dieser öden Stätte!
Das Dach bedecket Stroh, zum Sitz dient mir ein Stamm,
Zum Boden grauer Sand, zur Ruh ein hartes Bette,
Wo man oft besser schläft als wie auf Eiterdaum!
Und wohl dem Sterblichen und wohl dem Eremiten,
Der so vegnügt sich findt als ich in meiner Hütten!

Doch ich bin nicht wie sonst die Einsiedler gewesen,
Ich kann, wenn ich es will, auch unter Menschen seyn.
Die Anzahl ist nicht stark, doch sie ist auserlesen,
Und die Gesellschaft ist nicht groß und nicht zu klein!
Ein jeder ist vor sich, man steht sich nicht im Wege,
Man denkt, man schreibt, man liest, man ruht auf weichem Moos!
Man haut Alléen aus und pflanzt und ist nicht träge,
Man preist der Freyheit Glück, man wünscht kein bessres Loos!
Man ist hier weit entfernt von schwerem Müßiggehen,
Die Tage pflegen frey und schnell herumzugehen!

Wie lange währt ein Tag, wenn man die Stunden zählet,
Kein Glück bringt den Verlust der Zeiten wieder ein!
Und wehe dem, der sich zu seinem Glücke wählet,
An goldnen Fesseln zwar, im Müßiggang zu seyn!
Nicht Asiens Gruben dort, nicht Persus reiche Schätze
Ersetzen nie die Zeit, sie war und kommt nicht mehr!
Der Weise wünscht sich nicht des Hofes erste Plätze,
So ein verlohrner Tag, der wieget Centner schwer!
Hier streicht er leicht vorbey, der Abend gränzt am Morgen,
Er flieht in Unschuld hin und war mir ohne Sorgen!

Der kühle Bach, der stets durch Kies und Schatten helle
Sanft wie auf Sammet fließt und nichts dem Ufer nimmt,
Fällt dort an jedem Haus, nicht wie die großen Fälle
Des Rheins, der in der Schweiz, des Nils, der ferner schwimmt.
Er stürzt nicht stürmisch sich, er sträubt nicht Regenbogen,
Er rollt in einen Grund, er rauscht gelind dahin.
Hier find ich oft mich ein, durch das Geräusch bewogen,
Ich steh am Rand des Falls auf immer frischem Grün,
Und nach und nach seh ich der Sorgen Reyh verstreichen.
Sie ziehen mit dem Bach bis zu den nahen Eichen!

Der Fichten hohes Haupt, das an die Wolken reichet,
Umkränzet staffelweis vier kleine Seen hier!
Ihr Bild, das doppelt groß sich tief im Wasser zeiget,
Macht aus dem stillen Ort des Waldes schönste Zier!
Der Aeste Majestät beugt sich zur Erde nieder
Und stolze Ruhe herrscht im nassen Spiegel drein,
Wie wenn der Schwermuth Last sich senkt auf unsre Glieder,
So läßt die Seele nichts von Leidenschaft ein.
Nichts stöhrt an diesem Platz die feyerliche Stille,
Ein Blatt, das rauschet hier, dort zirpet eine Grille!

Fünf Fichten sieht man da, die decken vor dem Lichte
Die Inseln, deren sie die einz´gen Bürger sind.
Sie liegt im zweyten See und zeiget dem Gesichte
Den schönsten Blick, den man im ganzen Tempé findt.
Oft hielt ich Mittag hier und kann der Welt beweisen,
Das beste Salz, das sey Vergnügen, Mäßigkeit!
Die alten Deutschen sonst, die pflegten so zu speisen,
Und ihr Gewürz war Luft und die Zufriedenheit!
Der Frühling bringet mir von Fröschen eine Menge,
Die meinen Tisch umringt mit schnarrendem Gesänge.

Und wenn die Erndte Zeit die ausgedehnten Felder
Mit Frucht und Schnittern füllt, so singt das muntre Heer,
Es hallt ihr jauchzend Lied durch heitre Luft und Wälder,
Es trägts ein Mittagswind auf seinen Schwingen her.
Ein grüner Teppich schließt den Wald auf seiner Seite
Und Taunus Höh bekrönt den kurzen Horizont
Ein Balsam füllt die Luft auf dieser sanften Weyde,
Die nichts als kurzes Gras und Einsamkeit bewohnt.
Der Berg verkürzt den Tag und bringt die Kühlung frühe -
Es ist kein Uebel, das nichts Gutes nach sich ziehe!

Hier herrschet reine Luft noch von den goldnen Zeiten.
Gewiß, der Wald stammt von Germaniens Wäldern ab!
Hier sah man Hermann einst mit seinen Männern streiten,
Die Barden sungen da, auf deutscher Helden Grab.
O, könnt in diesem Hayn, im schattigsten Gebüsche
Einst meine Asche ruhn, und eine Tanne drauf,
Die mein Gedächtnis noch den meinigen erfrische
Und wärmt nach langer Zeit ihr Herz für mich einst auf!
Das Schicksal spiele nur mit Chron und Bettelstab,
Nur schon´ es Tempé mir, zur Lust und dann zum Grabe!

Braumannstollen
Lutherlinde
Braumanns
Rödermiesen
Hegewaldsches
Wasserbehltr.
zu Homburg
Dorn
Lutherstollen
Wasserbehälter
Heuchelbach
Mil. Badeanst.
Forellenteichsmühle
Schießhs.
Fohlenweide
Hirschgarten
Elisabethenstein
Leopolds Br.
Brendels Busch
Landgrafensäule
Gothisches Hs.
Exerzierpl.
Obeliskenschneise
Sangenwiesen
Tempel
Goldgrube
Herzberg
zu Homburg
Alleehaus
Oberstedten
Fischer-M.
Wasserbehltr.
Frankfurter F.
(F. Hohemark)
Heidengräber
Auf der Platte
Hein-M.
Bender M.
Prokenmühle
Oberstedterfeld
Kunstwollfabrik
Baumschule
Gerberei
Pap. Fbr.
Kupferhr.
Walzwerk
Wasserhs.
Steinmühle
D.S.M.
Roter Born

Anlage A2,
Topographische Karte,
Aufnahme 1907 mit Nachträgen
von 1928,
Maßstab 1: 25.000,
Staatsbibliothek Unter den Linden,
Berlin; Kartenabteilung

*Umschlagvorderseite:*
Schloßpark mit Teich von G. Vanderhecht, 1863,
aus dem Album „Bains de Homburg", Brüssel,
1863, Aquarell,
Stadtarchiv Bad Homburg v. d. Höhe.

*Umschlaginnenseite:*
Englische Hofgesellschaft im Hirschgarten
um 1900, Stadtarchiv Bad Homburg v. d. Höhe

*Herausgeber:*
Magistrat der Stadt Bad Homburg v. d. Höhe, 2001
ISBN 3-928325-30-2
ISSN 1618-7970

*Projektleitung:*
Jürgen Hölz, Fachbereich Stadtplanung

*Redaktionelle Betreuung:*
Elzbieta Dybowska, Fachbereich Stadtplanung

*Buchgestaltung und Layout:*
Grafix Gmbh, Wehrheim

*Logo-Design:*
Petra Bittkau, Die Landschaftsarchitekten -
Wiesbaden

*Farblithos:*
Alfred Neudörfer Gmbh, Frankfurt am Main

*Druck:*
Media-Print, Bad Homburg v. d. Höhe

*Stella Junker-Mielke*
studierte im Rahmen ihrer Ausbildung als Landschaftsarchitektin auch Kunstgeschichte. Bereits ihre 1988 an der Fachhochschule Wiesbaden eingereichte Diplomarbeit hatte das Sanierungskonzept für die Tannenwaldallee und die an ihr gelegenen Lustgärten in Bad Homburg v. d. Höhe zum Thema. Seit 1989 unterhält sie ein eigenes Büro für Gartendenkmalpflege und Freiraumplanung in Worms und in Berlin.

*Gerta Walsh*
ist seit 35 Jahren in Bad Homburg v. d. Höhe wohnhaft und beschäftigt sich seither mit der lokalen Geschichte. Die Journalistin gilt als die Stadthistorikerin Bad Homburgs und berichtet in Vorträgen, Tageszeitungen, Büchern und in Kursen der Volkshochschule über Vergangenheit und Gegenwart der Stadt. Für ihren Einsatz wurden ihr der Saalburgpreis und die Ehrenplakette der Stadt Bad Homburg v. d. Höhe verliehen.